譜看世界丛书 · 第一卷

從點説起

若 缺

壹嘉出版

从点说起/Start from Point
by 若缺/Ruo Que
谱看世界丛书第一卷/World in a Spectrum, Volume 1

ISBN13: 978-1-949736-12-0
Library of Congress Control Number: 2020904645

书名：从点说起
作者：若缺
出版人：刘雁
装帧设计：壹嘉出版
开本：6"×9"
定价：US$ 18.99
出版：壹嘉出版
网址：www.1plusbooks.com
美国·旧金山·2020

点，这个我们能想到的最小的东西，却统治了人类的认知领域数千年。

今天，"点"的这页该翻过去了。

目　录

引　言

关于世界的本源问题，你可以不去直接思考它，但它会无时无刻地关注着你，影响你的生活、工作，甚至影响你的生命。

同样关于这个问题，当你想认认真真去思考它，亲近它时，它却会处处躲着你，同时还时时刁难你、嘲笑你。好像是说，你来找呀，你永远都找不到我。

不幸的是，这个问题对所有的思想者来说又是一个绕不开的问题，因为他如果想保持自己的理论体系有机地成为一体，就必须从这个源头开始。需要指出的是，当今社会有相当一部分思想者，不知是故意绕开这个头疼的问题，还是根本就没有意识到，他们破碎化地经营自己的理论体系，使自己的观点好比是无根之木，无叶之花，很难有生命力。

其实，真正的思想者反而会主动挑战这个问题，把对这个问题的思考当作一种乐趣和工作的动力，以能在这个问题上提出自己独特的观点，作为彰显自己思维能力的最有说服力的标志。

作者在此也要特别对广大读者讲一句话，挑战世界观问题实际上并没有你们想象的那么难，尤其在今天我们是站在如此多前人大量工作的基础之上，只要你静下心来就一定会有所成就。而且当你发现那些你原来倍加崇拜的思想大师，一个个逐渐变成了自己思想进步中的"公里数标识"被甩在身后，当你能够将原来倍感深奥的大师思想金句，换成带有自己思想的新诠释后，你会发现自己的思想境界在不知不觉中得到了升华。思想成就的获得与现实生活中的其他成就一样，往往就在于你是否去努力。

面对世界的本源问题，首先就是要回答，有没有本源？

显然，回答只有两种：一是没有；二是有。这两种回答，实际上就构成了两种不同世界观的核心，我们在很多情况下干脆就直接将其称之为世界观，即不承认存在绝对真理的世界观和承认存在绝对真理的世界观。

对于第一种回答，问题并没有结束，因为你还要继续面对"那我们的世界又是如何运转的"这类问题。其实，当你选择了"世界没有本源"作为答案，后面问题的回答也就顺理成章了：世界是无始无终的。

当然，对于第二种回答，事情也没有结束，因为你还要对这个本源进行更为详尽的描述。而这个描述，在你选择了第二种答案后，也自然是顺理成章的，即作为世界万物的开始，本源自身就应当是不存在任何疑问和不确定性的绝对真理，否则它就还会有另外的源头。

对比两种回答，我们会发现第二种只能算作是有域答案，即把我们所称的世界理解为我们能够看到的宇宙空间，尽管它很大，但仍然是有边界的。相比之下，第一种答案是无域回答，即它的视野是无疆域的，把世界理解为无限空间。这种理解差异来自问题本身，第二种答案认为，既然你的问题是世界有没有本源，言外之意就已经把世界当成了是一个有限的空间，否则问题如何提起？而第一种答案认为，该问题实质上求解的是一个根本性问题，即所有事情的起源。任何有限的回答都不能解答这个问题，如果你承认世界存在本源，那么必然还会被继续追问：这个本源的本源又是什么？例如，你回答上帝创造了世界，那么还会被问，上帝又是谁创造的？

至此读者可以看出，不管是没有本源，还是有本源，两种回答都只能算是形而上的一种断言，因为再进一步的解释已经无从说起，对它们而言也都只能将自己的理论体系建立在这种断言的基础上。换句话说，我们既没有其他的判断标准来对这两种回答进行谁对谁错的裁判，而这两种回答自己也无法对各自的观点进行更加深入的解释。反过来讲，如果它们能够证明自己的选择是正确的，那么这个证明本身就成了源头的源头，我们关于源头的讨论依然还是一个问题。因此，它们共同的出路在于，依据对本源的不同回答，分别构建起自己相应的理论体系，然后通过该理论体系解释现实世界问题的合理性，间接判断对世界观的回答的合理性。

根据以上讨论，我们可以将世界是否存在本源的问题转化为世界是否存在绝对真理的问题，两个问题基本上是等价的。转化的目的是使问题的表述显得更加鲜明，方便读者辨识。

站在构建理论体系的角度，承认绝对真理世界观看上去更容易建立自己的理论体系，因为它的目标更为明确，路线也更为清晰，即寻找自己心目中的绝对真理。相对地，对不承认绝对真理世界观来说，建立自己理论体系的难度要大得多，因为它既要说明绝对真理的不合理，同时还要保持自己对事物的说明具有合理性。举一个具有代表性的例子。当今高中以上学历的人都知道所谓的永动机概念是错误的，但很少有人将对这种错误的认识上升到世界观高度，更少有人能够意识到，经典物理学对永动机的批判本身也是应当被批判的，因为它自己也在犯永动机式的错误。其实，迄今为止人们对永动机错误的认识还停留在绝对真理世界观理论体系内的局部反思，远没有触及到产生这类错误的根源。我们之所以这样说，是因为否定第二类永动机的热力学第二定律自身也是在用"等号语言"进行表达，而这在不承认绝对真理世界观看来，相当于用永动机表达否定永动机错误，从逻辑上说是自相矛盾的。但令人遗憾的是，本来应该真正担当起批判永动机大任的不承认绝对真理世界观，此前却在这个问题上一直作为不大，因为它缺乏一个与自己世界观相配的理论体系，即它无法用自己的语言来系统地表达永动机到底错在哪里。

纵观人类文明发展历史，实际情况也是这样，早在两千多年前，以"元物理"、"元数学"为代表，承认绝对真理世界观就已经开始大规模建立自己理论体系的工程了。而对不承认绝对真理世界观来说，在作者的大系统学理论体系出现之前，还没有一个可以称为体系的理论产生。这也是承认绝对真理世界观在两千多年至今的时间里一直处于优势，甚至占据着统治地位的一个非常重要的原因。

在本源问题上，作者的选择是，世界没有所谓的本源，也就是不承认世界上存在绝对真理。

本丛书的目的是，对承认绝对真理世界观理论体系进行较为系统的批判，同时构建不承认绝对真理世界观自己的理论体系。并通过运用全新的理论体系对一些重大历史问题和现实生活中的焦点问题进行分析，在两种世界观的优劣比较中，帮助读者认识、掌握，并进而树立不承认绝对真理的世界观。

作为丛书的第一卷《从点说起》，作者赋予它的任务是：较为全面地剖析承认绝对真理世界观各个主要理论分支存在的重大理论问题，同时介绍不承认绝对真理世界观自己的相应解决方案，为第二卷

《大科学理论体系——新系统学》构建不承认绝对真理世界观的全新理论体系奠定基础。

当一个人选择了绝对真理世界观，他的理论架构就必然要建立在所谓的绝对真理之上。这自然要求他的理论体系具有如下特征：1、点看世界；2、等式表达；3、保持一致性；4、保证完备性；5、逻辑的严密性；6、目标的完美性等。作为不承认绝对真理的一方，要想建立自己的理论体系，就必须一一破解上述绝对真理理论体系的基本特性，指出它们的问题所在，同时还要能够对这些问题用自己的语言进行合理表达。

为什么说点看世界是绝对真理世界观的基本特征呢？这还要从绝对真理说起。当我们不加任何限制地用绝对来表达真理时，它就必须在任何方面比任何一种其他可能都做得更好。我们就举一个人们最容易想到的方面作为例子，即物体的形状。任何物体都有形状，或曰空间结构，甚至我们通常所说的思想，也是以脑电波作为载体呈现的，可以说也具有形状，只是它的载体太细微了，形状太复杂了，我们不能直接感知其结构而已。对绝对真理来说，它如果要真实地表达世间所有事物的细节，它自己就必须具有比所有事物都更加小的形状，否则它就不可能是绝对的，因为还有比它更小的形状存在，那个或那些更小的事物比它在形状方面更绝对。基于上述考虑，绝对真理必须是最小的东西，我们姑且称之为绝对的点。按照绝对真理观的逻辑，有了绝对的点，人们就可以在此基础上描述任意形状的其他物体，而且这种描述可以做到绝对的精确。如此看来，在承认绝对真理世界观眼里，世界万物都必然是由无比确定的点组成的，因此点看世界自然是绝对真理世界观的最基本特征之一。

于是，绝对真理世界观想到从两条思路上构建其理论体系：一条是元物理思路；另一条是元数学思路。这里所谓"元物理"和"元数学"中的元字指，从万物起源的角度，对世界进行完整的描述，不留下被继续追问的可能。可见其野心之大。

两种努力都发端于两千多年前的古希腊。留基伯和他的学生德谟克利特受万物都由更细小的成分所组成这种观察事实的启发，创立了"原子论"。其基本思路是，万物都是由一种不可再分的绝对粒子所组成，并将这种绝对粒子称为"原子"。而柏拉图则受数学的强大表现能力启发，认为以数学点和数字为基础的数学语言可以完整地描述整个世界。前者可以说是一种"元物理"尝试，史称原子论，被后人归类为经典的唯物主义；后者则是"元数学"尝试，史称柏拉图主义，被后人归类为经典的唯心主义。

虽然，两者的目标是一致的，都追求所谓的"元叙事"，即对世界进行完整的描述，但它们从诞生起就不停顿地相互进行攻击。柏拉图主义嘲笑原子论，原子既然还有体积，它又怎么能被视为基本粒子呢，它的内部更细小的成分难道不比它更基本吗？所以，原子论被柏拉图视为歪理邪说。柏拉图甚至试图将市面上所有原子论的书籍买下来焚毁，以免贻害后人。而原子论的继承者则讥讽柏拉图，数学点没有体积又怎么能被确定呢？用一种根本就不存在的东西描述万物，你才是真正的歪理邪说。两者之间的斗争一直延续至今，即著名的唯物主义和唯心主义之争。更为滑稽的是：越是唯物主义者越是依赖数学语言的表达，如霍金；反过来越是唯心主义者越是追求对事物客观性的完整描述，如康德。

应当说，这两种叙事方法都有其合理和积极的成分，在实际生活中也都具有应用价值。但同时它们又都存在致命的缺陷，它们之间的相互指责也切中了对方的要害。但为什么它们都不能纠正自己的错误，逐渐使自己的理论更加合理呢？不是不想改，实际上在各自演化的道路上，它们也始终都在改，并试图吸收对方的优点，也因此产生出很多分支。但万变不离其宗，它们只要不改变对绝对真理的追求，它们身上的致命缺陷就不可能得到纠正。

主义现象可以说是伴随绝对真理世界观的必然现象。因为，所谓主义的实质就是一种通向绝对真理的思路。同样主义之间的斗争也可以说是伴随主义的必然现象。因为，绝对真理只有一个，一旦某一主义认为自己得到了真理，它就必然地排斥其他主义所声称的真理，并与之展开你死我活的斗争。基于同样的道理，一旦某一哲学家发现某一主义存在致命缺陷，他自然会根据自己对绝对真理的理解创造出新的主义。这也是在现代主义体系内，主义永远都像雨后春笋般大量萌发的道理。然而现实是，绝对真理并不存在，因此任何一种新的主义都不可能彻底撇清与它所批判的旧主义之间千丝万缕的联系，因此主义之间又都表现出相互的关联性，你中有我，我中有你。

例如，康德发现：任何内部存在缺陷的道理，都不可能经过推理导致绝对真理，因此理性主义是条走不通的路；同样任何存在不确定性的经验，也都不可能经过不断的经验积累达至绝对真理，因此经验主义也是一条走不通的路。但康德仍坚信绝对真理是存在的，他为了追求绝对真理就必须在理性主义和经验主义之外另辟蹊径，对此他的选择是：绝对真理存在于人的思想中。后人将康德的路径称为直觉主义。但如果你仔细分析康德的直觉主义，你会发现人的思想难道不是来自理性和经验吗，你的思想过程难道不是运用你的理性和经验的过程吗？既然理性和经验都不能实现追求绝对真理的目标，你的思想又如何能够实现呢？

再纵观其他的主义，实证主义和物理主义可以看作是原子论改良后的分支，它们似乎唯物的程度更高，但不管是实证主义还是物理主义都在运用复杂的数学工具进行表达，这时你分得清它们到底是唯物的还是唯心的吗？又比如，笛卡尔和黑格尔都坚信多元素路径，即不管什么主义只要有用的都可以拿来使用，什么理性和经验、感觉和实证，在我这里都是工具。但不管他们如何地花样翻新，他们的信仰是不能放弃的，工具只是手段，目标始终是明确的，即追求绝对精神。最后我们还是只能在现代主义体系内给他们安排一个位置：悬疑直觉主义和辩证直觉主义。至于中国人熟悉的马克思主义，它的理论路径是所谓的辩证唯物主义，仅从表观上就可以看出是一个唯心主义和唯物主义的混合产物。你能指认共产主义到底是唯心的还是唯物的，是理性的还是经验的，是证实的还是悬疑的，是主观的还是客观的吗？

其实，所谓的主义划分本身就存在致命缺陷，造成这种缺陷的根本原因还是绝对真理世界观。当人们用绝对概念或点的眼光去看世界时，缺陷就伴随其中。绝对的点要生出万般变化，矛盾自然是绝对的。

有些读者可能会感到奇怪，点看世界的缺陷在作者笔下是如此明显，但那些思想大家们却怎么就视而不见呢？而且这些思想大家在普通老百姓眼里可都是各个了得，智商顶尖，能力超群。其实，造成这一现象的原因是多重的：

首先，他们都患了严重的绝对真理"痴心症"，太迷信自己的感觉了，如柏拉图对数学的迷信，康德对直觉的迷信。柏拉图、康德和其他许多哲学家都曾举过类似的例子，在黑板上画出一个方形或三角形，然后问大家，你们说这是什么？可以想见，大家会一致地回答方形或三角形。于是，这些哲学家会接着说：尽管我画的几何形状并不标准，但你们依然会一致地给出答案，这说明绝对真理的确是存在的。平心而论，这些哲学家所举的例子的确具有相当的蛊惑力。

其次，就是我们之前曾提到的，作为对手的不承认绝对真理世界观在很长的时间内不能形成自己的理论体系，难以与绝对真理的理论体系进行全面的抗衡。

当然还有一点，人类思想的水平自然要受人类的感知能力的限制，在人类感知能力非常有限的情况下，当人们在日常生活中观察到的事物之间的确存在毫无争议的差别时，如人和猪的差异、有生命和无生命的差异、生和死的差异等等，这些看上去确凿的差异就会不断地强化人们的绝对真理世界观，相信概念是绝对的，相信点看世界的合理性。

当人们将某些概念视为绝对的时候，就非常自然地引发出以这些概念为核心的主义来。例如，社会主义者会像柏拉图那样提出类似的问题：人类社会需要平等吗？大家会不加思索地回答，需要！而自由主义者会提问，人类社会需要自由吗？大家也会同样不加思索地回答，需要！于是乎，社会主义者会接着说，你们看所有的人都认同平等的价值，它就是一个普世价值，因此我们的社会就应当依据平等的理念来进行治理，由此就产生了社会主义学说。同样地，自由主义者会将自由的概念绝对化，提出自由主义学说。而且，社会主义和自由主义都会将自己的追求视为对绝对真理的追求，因为他们充分地相信平等和自由的概念是绝对的。由此看来，主义的横行不是凭空而来的，它们在现实社会中都有自己的显著依据，而且这些依据在普通人中间可以获得相当程度的认同和理解。

然而，在不承认绝对真理世界观看来，任何概念都不是，也不可能是绝对的。生命的概念如果是绝对的，那生命就不可能从非生命环境中诞生出来。同样的道理，平等和自由概念也都不是绝对的。平等中含有自由、公平、正义等其他要素；自由中也含有平等、公平、正义等要素。它们虽然在社会治理中不可或缺，具有所谓普世价值的含义，但又都不是绝对的。当强调平等过了头，将平等绝对化，就必然会伤害自由、公平、正义等其他要素，从而使社会治理出现重大问题。其他概念也是如此，都不能绝对。

早期的现代主义理论体系更多地是以单要素主义的形式出现，如理性主义、经验主义等。后来随着人类思想水平的提高，部分人开始意识到概念绝对的问题，主义也开始相应地以多元的面貌表现出来。如悬疑直觉主义、辩证直觉主义等。其中一个较新的例子是，罗尔斯的程序主义，即在上个世纪末、本世纪初盛极一时的程序正义论。作为本质上的自由主义者，罗尔斯注意到，自由的重要性与平等、公平、正义等其他概念的重要性难以绝对地划分，或者说当你强调自由重要性的时候，不能否定平等、公平、正义等其他概念的必要参与。因此，罗尔斯想到对传统的自由主义进行必要的改造，以便将平等、公平、正义等其他要素揉入进来。但作为一个承认绝对真理的人，他又不能得出一个你好、我好、他也好的结论，而必须得出一个最终的解答方案。为此，他提出了一个新概念，即所谓的程序正义。具体的想法是将所有社会治理涉及的必要元素依重要性进行"合理"排序，最终得出的结论是自由元素是最为重要的。显然，尽管罗尔斯意识到多元化改造的必要性，但他仍然在概念绝对问题上犯了错误，将程序视为可以绝对化的概念。由此我们可以看出，一个人只要坚持绝对真理世界观，他就必然不是在这里就是在那里犯绝对概念的错误，不可避免。

我们要克服主义们的缺陷，根本出路在于改变自己的世界观。但对不承认绝对真理世界观来说，一个首要任务是如何表达自己。既然你不认同点看世界，那你又是如何看待这个世界的呢？如果你不能给出一个比点看世界更好的方法，你又如何能说服别人放弃原有的方法呢？毕竟点看世界的方法虽然有缺陷，但在一定条件下还是可行的，例如我们使用手机拍照，从本质上说不就是在用点看世界吗？

如何看世界？不承认绝对真理世界观提供的解决方案是用谱的眼光看世界。在本丛书第二卷《大科学体系——新系统学》中，我们将把谱看世界的方法演绎为系统看世界的方法。相比点看世界，系统看世界或曰谱看世界将更能讲出道理，使方法本身更加体系化，更有利于读者知其所以然。联系到生活中常可见到的彩虹现象，谱概念对广大读者来说可能更为直观，出于方便读者理解的考虑，这里我们暂且使用"谱看世界"的说法。

谱看世界的方法直接源自不承认绝对真理的世界观。当你不承认绝对真理的存在时，一个最为自然的对世界的描述就是：世界上所有事物都是确定性与不确定性共同的载体。因为，你不承认绝对真理，就等于不承认世界上所有事物可以是绝对的。换个角度说，既然事物都不是绝对的，就等于说它们都带有不确定性。与此同时，我们又看到，世间万物都有其可以感知、可以识别的一面，这相当于所有事物又都具有一定的确定性。但不管是事物所具有的不确定性还是确定性都不是绝对的，否则就与我们的世界观不符。而且，更进一步地说，我们在任何时候，就任何细节，当谈到事物的不确定性时，你都必须意识到，这种不确定性的背后一定有确定性存在。同样的道理，当我们谈到事物在任何时候，任何细节所表现出来的确定性时，你也应当意识到，这种确定性的背后，一定有不确定性存在。这段话有点绕口，也有点缠绕你的思绪。举两个例子加以说明。

钻石可以说是我们在日常生活中见到的最为稳定的一种物质。乍看上去，它好像可以永恒不变。其实是你的感官欺骗了你，当你借助电子显微镜对钻石进行观察，你会发现钻石无时无刻不在变化或者说运动。显微镜的倍数越高，这种变化就越明显。不仅钻石的内部会随时变化，而且钻石的边界也不是绝对确定的，边界处的物质也在变化，外界的细微物质随时都在进进出出。只要你的显微镜看得足够细，你还会发现钻石的边界其实是模糊不清的。钻石的例子告诉我们，任何看上去很确定的物质，在它们的背后都潜伏着不确定性。

天上的云朵可以说是我们在日常生活中最为常见的不稳定事物，它无时无刻不在飘来飘去。但如果你借助一架高速相机对它进行观察，它在任何时刻都能表现出相对确定的形状。这说明，即便看上去最不确定的事物，它们在任何时刻都具有确定性。你的相机速度越高，分辨率越清晰，你勾勒出的云朵形状就越明显。但这不等于说，如果你的相机在速度无限的高、分辨能力无限强的时候，云朵的形状可以无限地确定。这时我们可以回到前面讲的钻石的例子，当分辨率高到能看到水分子内部结构时，不确定性又会在细节处展现出来。

总之，当你尝试用不承认绝对真理世界观去认知世界时，你要学会随时运用我们之前介绍的那句用来概括新世界观的话：世界上任何事物都是确定性与不确定性共同的载体。有人建议作者将这句话称为：宇宙第一定律。这也未尝不可，一是作为世界观的表述，它当得起如此重任；二是这样的称呼可以便于记忆，有助于大家养成随时使用的习惯。对此作者将在本丛书的第三卷《大科学体系的十大定律》的第一章进行详细讨论。

其实，作为对点看世界的修正，谱看世界相关理论体系建立的困难主要还是来自它的形而上部分。因为在形而下的现实生活中，人们可以借助上述例子中的"放大镜"和"高速相机"等科学仪器较为直观地观察到事物确定和不确定共存的两面性。但在形而上领域，你无任何其他工具可以借用，而你遇到的挑战却是双重的，如我们在之前提到的留基伯与柏拉图相互之间的龃龉，你既要能够反驳柏拉图对留基伯和德谟克利特的攻击，也要能够反驳唯物主义对柏拉图的攻击，还要同时保证自己在反驳各种各样绝对时能够自洽。虽然在形而上领域，我们只需要作出基本判断，不需要也不可能直接加以证实，但这种形而上的基本判断必须与形而下事物的具体表现有机地成为一体，如此你的世界观和相应的理论体系才有生命力，进而你的理论才能对我们的实际生活产生出积极的指导意义。也只有做到这一点，才能说你的世界观和理论是一种进步。

有一点是肯定的，那就是你在形而上做出的任何判断必须与你的世界观相配。从不承认绝对真理世界观出发，我们得出的第一宇宙定律，即所有事物都是确定性与不确定性共同的载体，就很好地实现了这个要求。

将宇宙第一定律应用到形而下的具体事物身上，我们自然可以得出"世间万物也都无绝对的生和绝对的死"这个认识。对应于这个认识，基于理论的需要，要求我们在形而上层面给出相应的合理解释，即能够回答这样的问题：既然世间万物都无绝对的生和绝对的死，那它们又是怎么在现实生活中表现出生和死的特征呢？首先，我们通过一个具体例子来观察事物的所谓生死过程。假设我们面前有一块铁，想象将其不断进行切割的过程。初期，切割只是把大块铁变成了小块铁。当切割进行到铁的原子层级左右时，你会发现铁原来的属性消失了，或者说铁死亡了。在我们看来铁的死亡可能一瞬间就发生了，但如果我们的切割足够细，这个死亡是一个逐渐由清晰到模糊的过程，即切割到一定阶段你慢慢无法判断，铁到底是死还是活，因为原来组成铁的质子、电子、中子体内还保留着铁的痕迹，当然这种痕迹相当的模糊，还会掺杂着铜、铝等等其他物质的痕迹。再往下切割，到夸克层级，不仅原来铁的痕迹更加模糊，而且所有其他物质的痕迹也都如此。通俗地讲，铁死得更加彻底了，仿佛在这里消失了。即便如此你也不能说铁绝对死了，因为如果我们将上述切割过程反向操作，即变成一个逐步添加的过程，你会发现铁又会从中逐渐地诞生出来。这一观察过程，启发我们在形而上层面作出一个判断，如果我们将夸克以下的微空间称为微背景，那么这个微背景就是世间所有事物的诞生地，同时也是它们的墓地。为了避免将生、死的概念绝对化，我们特意用两个新词替代生和死的概念，即显现和隐失。

微背景是世间所有事物的显现之地，即生或源之所；同时它也是世间所有事物的隐失之地，即死或终之所。依宇宙第一定律，微背景集高度的确定性与不确定性于一身，因为它既储存着世间所有事物确定性的基因，同时还保留着所有创新之物的可能性。可能有读者会提出质疑：不对吧，在我们的宏观层面，事物的生和死也是常见现象，并不牵扯所谓的微背景呀。的确，在我们的日常生活中，新房子的搭建，旧房子的拆除；人的生、死等都是常见现象。但这种事物的宏观生死仅仅指相对于特定概念意义上的生死，而不是我们从世界观角度所称的生和死，或者说不是更本源意义上的生和死。

微背景、隐失、显现等概念的提出还为新世界观理论体系的建立带来如下好处，即之前我们给自己规定的任务，一一破解下述绝对真理理论体系的基本特性：1、点看世界；2、等式表达；3、保持一致性；4、保证完备性；5、逻辑的严密性；6、目标的完美性等，指出它们的问题所在，同时还要能够对这些问题用自己的语言进行合理表达。其中第一个问题我们在前面已经讨论了，下面我们简要分析 2-6 项存在的问题，同时系统地给出符合新世界观的合理解释。

其实，问题 2-6 是高度相关的，破解其中一个，其他问题也就破解了。但鉴于它们毕竟在表现形式上有所差异，出现的场合也有所不同，为了加深读者的理解，我们还是一一进行讨论。

等式表达的唬人之处在于，让人们误以为，它的表达是完美无缺的。我们来看两个简单的例子：1、F=ma；2、1+1=2。前一个等式为经典物理学的牛顿力学公式，式中F代表力，m代表质量，a代表加速度；后一个是小学生算数等式。两个等式可以说是，物理主义和数学主义的经典表达。言外之意是，它们是无懈可击的，就是绝对真理的化身。真是这样吗？不承认绝对真理世界观当然不会认同。在新世界观看来，这两个公式都是在概念绝对的前提下才成立的，对第一个公式而言，它是建立在一堆的绝对概念基础上的，首先，力F，质量m，加速度 a 之间的关系必须是线性相关的；其次，它们自己必须是线性和均匀分布的；再有，它们的概念还必须是绝对的等等；对第二个公式而言，自然数1、2、3、……必须是绝对的概念，＋、—、×、÷等运算规则是严格定义的。然而，在现实中所有这些绝对的前提条件都是不存在的，也就是说这两个公式是有缺陷的。例如，一个公司与另一个公司合并，我们如何评价这次合并成功与否呢？自然是合并后的效益大于合并前，而不是相反。也就是说合并这起 1+1 的行为，是为了追求 1+1 > 2 的结果。可见，在现实生活中，1+1 并不一定等于 2，可能性可以很多，其间具有不确定性。出现这种情况的原因是，1 的概念并不是绝对的，＋ 的概念也不是绝对的。

当然，在这里我们批判的仅仅是表达的绝对，而不是表达的全部。我们虽然指出这两个表达存在缺陷，但并不是彻底否定这两个表达的全部含义。我们承认这两个表达在一定条件下是具有现实意义的，只不过它们应该用约等式，或在充分说明前提条件的情况下进行表达。事实上也是如此，牛顿力学公式在微观、高速等情况下都不成立，或存在较大偏差。用我们的语言说，这两个公式在微背景下都会隐失。

任何建立在绝对真理世界观基础上的理论体系势必都会追求表

达的一致性，否则就有悖于自己的世界观。所谓一致性指，同一个表达体系不能出现自相矛盾的结论。通常人们认为数学表达是最为一致的，在很长一段时间里大多数数学家也充分相信这种一致性。但不幸的是，有人在数学的表达体系中陆续发现了悖论，即自相矛盾的结果。其中较为著名的是罗素悖论。为了方便读者理解，罗素用一种较为通俗的语言将其表述为"理发师悖论"。该悖论大意是：一个小镇的一个理发师信誓旦旦地发布了一个誓言，他只给那些不给自己理发的人理发。现有人问该理发师：你给自己理发吗？理发师在回答这个问题时悖论出现，因为如果该理发师回答：给自己理发，那么根据他之前的誓言，他是不能给自己理发的；相反如果该理发师回答：不给自己理发，那么根据他之前的誓言，他是应当给自己理发的。两个回答自相矛盾。

罗素悖论的出现，在数学界可以说是一石激起千层浪，怀疑论者、悲观论者、坚定信仰者、修正主义者之间争论不休，至今相关争论也还未停止。有一种具有一定代表性的观点认为，罗素悖论的问题出在概念自指上，即如果理发师将自己排除在其誓言涉及人群之外，则罗素悖论就不会发生。我们将这种观点称为修正主义。

修正主义虽然发现了概念在一定条件下不是绝对的，但它仅仅想通过对概念进行局部修正，实现概念绝对纯洁的企图是不可能实现的。因为任何一个概念都不可能做到绝对的提纯，虽然在一定条件下，我们可以剔除一些杂质，但随着条件放宽，杂质又会显现出来。只要有杂质，悖论就必然出现。更何况在微背景条件下，你已经根本分不清什么是杂质了，那时悖论无处不在。所以，在不承认绝对真理世界观看来，一个理论体系出现悖论是自然现象，因为事物本身就是矛盾体。但在一定条件下，我们可以在某一局部做到不出现较大的悖论，从而使我们的表达具有明显的相关性。当然，即便在这种情况下，我们也不承认所谓的一致性。这就好比，在一个贫富差距很大的社会，少数人占据了绝大多数社会财富，此时如果一个政治家打出追求平等的社会主义旗号，他就有可能得到多数人的支持，但不可能得到全社会的一致支持。因为总有人是贫富差距的受益者，不同的角度，不同的位置会决定不同的立场。

完备性是所有标榜自己是绝对真理理论体系必须做到的。所谓完备性指，所有该表达的事物，我都能充分地表达。或者说所有真实的存在都能被充分地表达。我们还是举数学的例子，因为如果连数学都撑不住完备性这个概念，那其他的表达体系就更别提了。

曾经数学家们对数学语言完备性的自信还要胜于一致性，但不幸的事情又发生了，上个世纪初逻辑学家哥德尔出色地证明了作为整个数学基础的算数学是不完备的。这个证明对数学界的震动自不用说，我们在这里先要提一提哥德尔这个人。哥德尔自己其实是一个坚定的柏拉图主义者，尽管他证明了不完备定律，但至死也没有放弃对柏拉图主义的信仰。作者以为，哥德尔只是认为不完备性只能说明数学还存在一些漏洞，只要将这些漏洞弥补，柏拉图主义还是能够实现的。当然这种期望在不承认绝对真理世界观看来是无望的，因为任何一种表达体系在微背景面前都会走向隐失，所谓的完备性只有在极为苛刻的假设条件下，才能在某些局部实现。

严密的逻辑推理是承认绝对真理世界观理论体系的另一块"金字招牌"。其实与我们分析等式表达的道理一样，所谓严密逻辑推理的成立，取决于前提条件的严密性。也就是说绝对的严密，只有在绝对的前提条件下才能产生。然而，在现实世界中，所谓绝对严密的前提条件是不存在的，因此所谓绝对严密的逻辑推理也是不存在的。当然，我们可以在一定的条件下实现相对严密的逻辑推理，如在游戏和推理练习题中常见的那样。很多人对逻辑推理有一种误解，他们以为逻辑推理是探寻事物间必然性联系的工具，这是大错特错的。其实，逻辑推理在现实生活中绝大多数情况下是寻求事物相关性的工具，也就是说它的严密程度是用概率来衡量的。只有在一些形式化、结构化的表达体系，如数学、计算机程序中，逻辑推理才可能是有限严密的。

从等式表达、一致性，完备性到严密逻辑推理，在我们一块一块地卸下这些曾昭示承认绝对真理世界观理论体系的靓丽招牌后，它们的另外一块招牌完美性，想必读者已经可以自己把它摘下来了。

事实上，正是因为我们的世界并不像绝对真理观认为的那样完美，我们的世界才是美的。而且这种美才是可以持续、具有无限生命力和永远可以不断创新的。因此，我们的生活才是丰富多彩的，我们的思想才是永远有价值的。

最后，给大家讲一个爱因斯坦和哥德尔的故事。

在二次世界大战前，爱因斯坦和哥德尔都因有部分犹太人血统受到法西斯迫害，两人分别移民美国，爱因斯坦在前，哥德尔在后。在哥德尔移民前，两人就认识，并成为朋友。哥德尔移民后，两人同在普林斯顿大学任教。

很快普林斯顿就多了一个看点，每到傍晚下班时，爱因斯坦都要到哥德尔的办公室与他碰头，然后两人结伴回家。在旁人看来，这多少有点怪。因为，擅长逻辑思维的人，往往情商较低。在哥德尔这位顶尖逻辑学家身上，这一现象自然表现得更加突出。哥德尔几乎把他的同事得罪了个遍。但人们奇怪，这一老一少怎么能黏糊得怎么近？几乎十几年如一日。甚至有人说，爱因斯坦后期坚持到办公室的唯一目的，就是下班后能与哥德尔一起散步回家。

其实，站在他们的立场上看，这种黏糊是有极其深刻原因的。一个是顶尖物理学家，正在筹划着将牛顿力学、麦克斯韦电磁方程、量子力学和自己的相对论揽入到一个统一的大物理学体系内，形成一个大家庭，即元物理；另一个是顶尖的逻辑学家，矢志不渝地坚持自己元数学的梦想，正期待着最后的冲刺。他们似乎又同处于黎明前的黑暗，困惑着曙光为什么还不到来。同时物理学家羡慕逻辑学家，仅凭思考就能爬山越岭向前迈进，不需复杂昂贵的实验装置；逻辑学家也羡慕物理学家，遇到疑问，可以通过实验加以验证，不像思考不着边际。物理学家和逻辑学家共同在想，两者要是能结合在一起，该有多好呀！

……

1955年，爱因斯坦去世后，普林斯顿的这个看点也随之消失了。哥德尔成了普林斯顿最孤独的人。

1978年1月14日，哥德尔去世。他留给柏拉图主义最终的遗言是："我失去了作肯定判断的能力。我只能作否定判断"[1]。哥德尔终生信仰柏拉图主义，可以说这位顶尖的逻辑学家在其生命的每一刻都在思考如何实现元数学的理想。但在每每冒出一个看似可行的思路时，他的逻辑思维都告诉他，这不可行，应当否定，没有一次可以让他作出肯定判断。

有人感到遗憾，要是这两颗最强大脑换个方向工作，也许会产生很多成果。

作者以为，我们应该感到庆幸，也许正是得益于这两颗最强大脑的不懈努力，才拯救了无数的后人，因为他们的工作可能让这出现代主义的大戏提早落下帷幕。

---

1 及前面的故事引自《不完备性—哥德尔的证明和悖论》。

第一章 点看世界

第一节 点定乾坤

如果要回答"我们的世界是怎么组成的"？恐怕最容易想到，也最符合我们经验的答案就是：世界是由一些性质相同的基本元素组成的。因为大地虽广袤，无非一捧捧泥土所铺就；高山虽巍峨，无非一块块岩石所堆砌；海洋虽浩瀚，无非一滴滴水所汇集。如果不借助当今的科学知识和技术手段，人们几乎是天生的原子论者，甚至即便在今天的科学和技术条件下，我们绝大多数人仍然是这样认识世界的。

我们将这种认识态度，称为点看世界。虽然，这些人中的大多数并不是所谓的哲学家，他们自己也没有将这种认识上升到世界观的高度来看待，但实际上这种认识每时每刻都在影响着他们的生活和工作。如果我们进一步说，点看世界的世界观和方法论是有严重缺陷的，很可能还会引起相当一些人的强烈反驳：我们好好的，你别无事生非搅乱我们正常的生活。其实这也没什么好奇怪的，因为这些人早已把缺陷当成了一种常识，习惯了。但当他们发现这个世界还可以用另外的眼光和角度去看，而且看得更多、更广、更全面的时候，那种幡然醒悟的感觉一定是非常美妙的。

站在所谓哲学的高度，用基本元素观点解释世界的构成，最早可追溯到2500多年前的古希腊人留基伯（Leucippus），他认为世间万物都是由无数的、形状各异的、永恒的、不可生的、不会灭的、不可再分的微小粒子——原子组成的。显然，留基伯的原子观具有如下典型特征：1、承认绝对真理；2、无神（其实神和绝对真理存在某种等价关系，这是后话。作者注）；3、事物是按照物质自身规律自生的、自灭的，所以原子论被后人归类为唯物主义。

分析留基伯的原子论，我们不难发现它存在几个重大逻辑缺陷：1、它只解释了"鸡生蛋"的问题，没有解释"鸡"又是怎么来的，即那些形态各异的原子是如何产生的。表面上它否定神的存在，但实际上等于承认是神创造了原子；2、既然原子是绝对的存在，那么由它们组成的世间万物，又为什么会表现出丰富多彩的不确定性；3、绝对刚性的原子是怎么被"搭建"成万物的，仅靠随机组合显然是难以解释得通的；4、原子既有形，却不可再分，又怎么解释原子内部的成分呢？因为只要原子有形，就说明还有比原子更小的事物存在，那么原子就不可能是万物最小的组成元素。

尽管留基伯的学生德谟克利特（Demokritos，公元前460年—公元前370年）后来对这一原子理论进行了一定的修改，例如减少了对原子形态随意性的依赖，增加了原子旋转变化的内容等，但古典原子论的上述内在致命缺陷并没有得到根本的克服。

也许是因为没有公开地赞美神的伟大，另外也限于古人对自然的认知水平，唯物主义在西方文明体系中长期处于小众地位。直到近现代，随着现代物理学的长足进步，不断有新的"基本"粒子被发现，唯物主义又焕发出了第二春。这主要还得益于一个被称为"维也纳小组"的自发哲学兴趣小组的影响。

这个小组汇集了几十位即便在今天看来也算得上声名显赫的科学家、数学家、哲学家，如：石里克、卡尔纳普、奥托·纽拉特、奥尔嘉·纽拉特、汉斯·哈恩、威斯曼、费格尔、门格尔、哥德尔等，并与同时期的其他一些著名学者如维特根斯坦、罗素、马赫、赖兴巴赫、海森堡、波尔、玻恩等都有交集。简单地说，维也纳小组的宗旨是：放弃所有的主义，也不追求所谓的元叙事，一切从眼前的具体事做起，即将那些经我们确实感知到的东西——"知识理论"，加以严格的逻辑证实转化为"意义理论"。如此这般点点滴滴，日积月累，逐步描绘出世界的真实容貌。

从表述上看，维也纳小组的主张也是一种唯物主义的主张，因为他们排斥一切"视野以外"的意识参与，尽管他们声称自己不属于任何主义。而且与我们之前介绍的，由留基伯、德谟克利特原子论所代表的唯物主义，我们姑且称之为古典唯物主义，有着明显不同，这主要体现在维也纳小组鲜明地反对形而上学、先验主义，不追求元叙事。在这个问题上，维也纳小组甚至对古典唯物主义也持批判态度。他们认为所有不能切实感知的东西，包括留基伯所指称的原子都是形而上的，先验的（那时我们现代意义上的原子已经发现，著者注），没有任何意义。因此，维也纳小组的唯物主义看上去更彻底。为了区别于之前的唯物主义，也有人将这一阶段的唯物主义称为物理主义，而维也纳小组自己将其主张称为实证主义。作者则更倾向于实证主义的称谓，因为物理主义的叫法容易使人将维也纳小组的主张过多地与物理科学挂钩。实际上，维也纳小组对物理学理论是有所取舍的，例如他们对爱因斯坦的相对论就持批判态度，认为爱因斯坦的相对论是追求

"视野之外"的真实，因此是不可取信的。必须声明的是，作者并不想搅和在主义之间的争论中，在这个问题上只是介绍他人观点，目的是想帮助读者理解唯物主义的主张，仅此而已。

　　显然，实证主义主张的成败取决于"知识理论"能否被转化为真理，即"意义理论"。而要做到这一点的关键又是能否建立一个标准体系，来判定知识理论的真伪。这实质上又陷入了作者称之为"绝对真理证明的循环困境"。这一困境是指：当你持有存在绝对真理的世界观时，你会自觉不自觉地从你的理论体系中寻找一个你认为最可靠的理论作为标准，再借助你认为足够严密的论证方法，去发现新的符合严格条件的真理，然后经不断扩展，构建你的所谓真理完整体系。我们不难发现，所有这样的证明过程都犯了本末倒置的错误，即我们的证明目的是证明某种绝对的存在，但我们在证明过程中又不得不在未经证明的情况下事先预置一个绝对的标准，否则证明无法开启。绝对真理证明的循环困境是所有企图建立绝对真理体系的主义们共同面临的困境。循环困境的存在说明，如果绝对真理存在，它也是无法从外部去证明的。反过来说，如果我们的证明出发点恰巧就是绝对真理本身，那么绝对的证明也是不可能的，因为我们只有在证明了所有其他对象均不比绝对真理更"高明"之后，才能宣布绝对真理是真实的，而这样需要被证明的对象是无数的。

　　鉴于上述讨论，维也纳小组的结局是可以想见的，即不了了之。事实上，1929年维也纳小组发表了一篇名为《科学世界观，维也纳小组》的宣言，在该宣言中维也纳小组发布了自己的核心理念："一切事物都是人可理解的。人是万物的尺度。"[1]这两句话是什么意思呢？

　　第一句话"一切事物都是人可理解的"中的理解一词，实际上包含

1.《不完备性——哥德尔的证明和悖论》，【美】丽贝卡·戈德斯坦著，唐璐译，湖南科学技术出版社出版，2008年4月第1版，第55页。

了三层意思：第一层意思是，一切事物都是人可以感知的，即人可以通过自身的感知器官和经验，并辅以科学技术手段感知到一切真实存在的事物；第二层意思是，对一切被感知到的事物，人都有能力给予足够合理的解释；第三层意思是，人对事物的感知能力与对感知到的结果的解释能力是匹配的，即人感知到什么程度，就能解释到什么程度。换句话说，就是经验和理性是可以完美结合的。理解了第一句话，第二句话就好理解了。既然人可以理解一切事物，那么人就自然可以将一切事物看透，所有的秘密都逃不出人的掌控，人不就成为一切事物的最权威的解释者了吗。

　　需要特别注意的是，"人是万物的尺度"这句话并不是维也纳小组首创的，而是古希腊思想家普罗塔哥拉曾经的名言。具有极强讽刺意义的是，普罗塔哥拉是所谓相对主义的始祖，而相对主义是不承认绝对真理的，普罗塔哥拉当初正是用这句话来否定绝对的。按照普罗塔哥拉的理解，每个人的经验和对经验的解释是各不相同的，人们无法，也不可能通过各自的经验，达成对事物一致的解释。比如经历过婚姻的人，对婚姻的理解是各不相同的，因此他们不可能对婚姻得出一致的结论。也就是说，我们不能用一致的语言来回答"什么是婚姻"这个问题。在这个问题上每一个人都有他自己的发言权，也就是说"人是万物的尺度"，但这里更强调的是单体的个人，而不是作为整体的人。

　　维也纳小组从各种主义归零开始，到宣言发布为止，事情一件也没有证实，一切又都回到了出发之前的状态，重又陷入了主义的混战之中。它想避免形而上的抽象，但却比留基伯更加地形而上；它想表现得更加科学，但结论却比艺术家做的还不严谨。

　　很多人都曾问过作者同样的问题，为什么看上去各种主义的缺陷是如此致命，但它们却都有着如此顽强的生命力，可以生生不息地繁衍数千年？这其实就是本丛书想要回答的问题，当然这绝对不是一个轻松的工作，必须慢慢来做。但是在我们不断地抽丝剥茧，暴露主义核心缺陷所在之前，有一点我们应当强调，即在所有主义的视界里，它们的确都捕捉到了某些合理的信息，说明虽然它们的缺陷是致命的，但却不是绝对错的。这其实也是主义们具有顽强生命力的关键原因之一。那些合理的信息，往往被主义们当做黎明前的曙光，而不是黑夜前的残阳。既然存在合理性，就说明自己已经捕捉到了绝对真理的蛛丝马迹，希望就在前头。至于伴随合理性存在的缺陷只说明自己努力得还不够，而不是我的信仰本身。

在唯物主义的视界里，的确有些东西是难以让它们放弃的，如物质存在的客观真实性、大物体都有其微小结构等等。在这些真真实实的场景面前，你的任何理性批判反而是苍白无力的。

说到原子论和唯物主义，有一个人必须得提，他就是中国人很熟悉的毛泽东。在思想领域怎么定位毛泽东，可能会有很多的争议，不管他算得上算不上哲学家，但他是唯物主义者恐怕多数人不会反对。而且作者以为毛泽东还是一位在实践层面和理论层面都对原子论和唯物主义有所建树的人。由于在实践层面本丛书对马克思主义、科学社会主义、共产主义、文化大革命等都将安排有专节进行讨论，所以此处就不赘言了。这里我们需要提一提的是毛泽东的原子观。

1977年，在第七届世界粒子物理学讨论会上，诺贝尔物理学奖获得者格拉肖曾提议：将刚刚发现的夸克（当时尚未命名）及以后发现的夸克以下的其他粒子统一命名为"毛粒子"（Maons），以纪念年前故去的毛主席，因为毛泽东一贯主张自然界有更深的统一，物质是无限可分的，不应当存在基本粒子这一概念。格拉肖甚至提议大家为毛泽东的去世默哀，并被与会者响应。虽然格拉肖的命名提议最终未被采纳，但获得提议这件事本身对并非物理学家的毛泽东来说，已经是一个巨大的荣耀了。

格拉肖等物理学家之所以对毛泽东带有某种敬仰之心，也是有原因的。因为之前格拉肖等一大批理论物理学家都坚信存在所谓的基本粒子，有人甚至认为中子就是基本粒子，中子已经不可再分了。但是没过多久人们就分离出了夸克，真理似乎站在了毛泽东一边。

我们在前面介绍留基伯的原子观时曾指出，如果认为基本粒子不可再分，那么这将直接产生一个难以自恰的问题，即无法回答基本粒子内部更小的成分又是什么？毛泽东显然是注意到了这个问题，因此在多个场合，多次指出，粒子应当是无限可分的。其实物质无限可分的思想最早可以追溯到大致与留基伯同年代的中国古代思想家庄子，庄子曾这样认识这个问题："一尺之棰，日取其半，万世不竭"，其表达的意思实际上就是物质无限可分。毛泽东于1973年7月16日，在接见杨振宁时也曾引用过这句话。熟悉中国思想史的人可能会产生一个疑惑：老庄的世界观是不承认绝对真理的，所以庄子这样讲容易理解。但毛泽东的世界观是承认绝对真理的，他这样讲似乎有悖自己的世界观。

事实上，如果我们仔细分析毛泽东在跨越二十多年的时间里对这个问题的数次表述，也可以隐约看出他内心思想的冲突。有史学家指出，毛泽东首次明确说"物质是无限可分的，基本粒子也是无限可分的"是在1953年，但作者未找到具体出处。大家比较公认，且有明确记载的是，毛泽东于1955年1月15日，在主持一个讨论原子能发展事业专题的书记处扩大会议上，插话钱三强的演讲说："以哲学的观点来说，物质是无限可分的。质子、中子、电子也应该是可分的。一分为二，对立统一嘛。"从毛泽东这段话可以看出，他认为物质无限可分的观点是受黑格尔辩证法的影响得出的，与其承认绝对真理的世界观一脉相承，即一分为二的最终目的是统一到绝对真理上。这也与格拉肖在其提议中，"他（指毛泽东，作者注）一贯主张自然界有更深的统一"的说法相一致。这很关键，因为格拉肖曾两次被毛泽东接见，每次接见中都谈到相关话题，他应当比我们更了解毛泽东的想法。

但是到了文化大革命的中后期，毛泽东再次谈到这个话题时，在讲到物质无限可分的后面，专门补充了一点，真理是可以无限地接近的，但永远达不到（大意）。这次讲话具体的时间地点，作者暂时未查到，但作者清楚地记得，自己还为这句话上街游行（那个年代的通常做法，伟大领袖一发表新的讲话，大家就会上街庆祝。作者注）。作者以为这时的毛泽东已经从积极的绝对真理观转为了消极的绝对真理观。因为按照马克思主义的认识，人类社会问题是有最终的解决方案的，并且这个方案是可以实现的，即共产主义社会。至于毛泽东的思想变化是不是因为发动文化大革命的初衷与效果的巨大反差造成的，作者当然无从知道，但有一点可以有把握说，文化大革命的实践对中国社会和毛泽东本人都带来了巨大影响。

读到这里，相信会有不少的读者不认同作者的观点，他们认为相对于留基伯的原子论和基本粒子的提法，物质无限可分显然是进步了，因为它避免了作者在前面所说的不自洽的问题，难道不是对唯物主义的完善吗，你怎么却说是积极向消极的转变呢？因为按照原子论和基本粒子的认识，万物都始于原子或基本粒子，因此原子或基本粒子就等同于他们眼中的绝对真理，世界的构成就可以被想象成这种样子：人们不管从哪个位置出发，绝对真理的方向都是明确的，即指向基本粒子的方向，并可以最终达至基本粒子。然后人们的认知过程也同时结束，到达基本粒子后，人们再也没有新的可以认知的东西了。这相当于说，积极的威武主义，即承认存在基本粒子的唯物主义，同时意味着承认人的认知活动可以被终结，显然这违反所有思想者的理想状态，因为这也等于说以后的思想活动不再具有任何价值了。

相反，一旦我们对原子或基本粒子的认识发生了彻底改变，它变成了永远可分的虚存在，上述那条通往绝对真理的路径的性质也就发生了彻底改变。首先，绝对真理的方向没有了，因为无限可分，意味着我们离它无限远，看得无限不清楚。其次，就算你看清了方向，行走在了通往绝对真理的路径上，但不幸的是这将是一条没有尽头的道路，而且是一条越往前走越费力，代价越高的路。对这点，读者想一想人们为寻找下一个基本粒子所付出的努力就可以理解。每一次新粒子的发现，都意味着更强大的加速器，更高昂的研究费用。再有，当我们离所谓的绝对真理越近，因我们的参照系越来越细微了，意味我们反而看它越来越不清晰，选择路径方向的难度也随之加大。依此分析，本来是一条通往绝对幸福、绝对美好的绝对真理之路，一旦抵达就可以颐享天年的路，转眼变成了一条无比困苦、无比艰辛，而且还是永远都无法到达终点的路。这样的绝对真理还有追寻的价值，这样的路还有前行的必要吗？还有，不管是原子论还是基本粒子论，它们都维系着唯物主义看世界的基础，即物质存在的真实性。但当物质变成无限可分后，这种真实性就变得模糊不清了，他们看世界的那个清晰的点不再那么可靠了，因此整个唯物主义的基础也就跟着发生了动摇。从唯物主义角度看，这显然是一种退步。

至此，怀有疑问的读者应当能够理解作者的说法了吧？的确，从认知世界的角度看，物质无限可分的观点是一种进步，但从绝对真理观的角度看，这种进步是一种退步。到底是进步还是退步，取决于我们的世界观，取决于我们是承认绝对真理的存在，还是否定绝对真理的存在。

第二节 "●"这是什么?

先问读者一个问题:"●"引号内的图形是什么?

点,那还用说吗!

的确,是个点。对这个答案读者恐怕没有异议。

柏拉图(Plato,公元前427年—公元前347年)是与德谟克利特同时代的希腊哲学家(约比后者小一辈)。他与德谟克利特在哲学上可谓是死对头,一个是所谓的唯心主义,一个是所谓的唯物主义。据说柏拉图曾想买下德谟克利特所有存世的著作付之一炬,以免贻害后人。但在一个核心问题上,两个人可谓殊途同归,即他们都不仅承认绝对真理的存在,而且他们都已经有自己心目中的绝对真理了,并都想从这个绝对真理出发构建整个世界。西方哲学将这种从自己心目中的绝对真理出发,描绘整个世界的做法叫"元叙事"。

上节我们介绍了,从原子论或基本粒子出发,展开的"元叙事"和这种做法存在的问题。本节我们介绍柏拉图的叙事方法和相应的问题。

与古希腊大多数哲学家一样,柏拉图在很多领域都有建树,但他本人最钟爱的领域是数学。这是因为柏拉图认为数学就是真理,基于这个信仰,他开创了一个被后人称为"元数学"的主义,或干脆叫柏拉图主义。

对那些不熟悉西方哲学的读者来说,柏拉图主义这个词可能很陌生，但他们可能不知道的是，柏拉图主义是一个影响非常广泛的西方哲学分支，甚至在今天我们生活和工作的许多方面仍能看到它的影子。不夸张地说，今天从事纯数学研究的大多数人仍在受柏拉图主义的影响。当你把数学研究当做绝对真理去研究时，你就在自觉不自觉地受柏拉图主义的影响，甚至就是柏拉图主义的实践者。注意，在这里作者并不想贬损数学研究者的研究价值，而是想给他们的研究注入更多的活力，增加更广阔的应用领域，这点读者从后面的分析中将能很快看到。

在柏拉图看来，数学不是对客观事物真实性的近似表达，而其本来就是事物客观真实性的归宿。或者反过来说，客观事物是对数学表达的近似。事物相对于数学表达的偏差，不是数学表达本身不够真实造成的，而是我们对事物认知的不足造成的，需要修改的不是数学表达，而是我们对事物的认知，即将这种认知主动地往数学表达去靠拢。

柏拉图常常能举出一些很能迷惑人的例子，如他会在黑板上随意画出一个矩形和一个圆，然后问听众：我画的是什么？当然，听众会马上反应过来回答说：矩形和圆。柏拉图会接着说，尽管我画的矩形和圆并不标准，但大家对它们并没有异议，这是因为在我们的脑海里存在着一个永恒不变的固定的矩形和圆形的理念，理念是不会改变的，它是看不见摸不着的东西，但却是一种永远的理想状态[1]。

西方的政治家也常借用柏拉图的手法，在黑板上写下：自由、平等、公平、正义、民主、法制、人权，然后问听众，你们认为这些理念具有价值吗？听众们当然会异口同声地回答：有！于是西方政治家就会接着说，看你们大家都认同，所以这些理念叫普世价值，对所有的人都适用，是永恒不变的。

---

1. 《哲学原来这么有趣》，王芳著，化学工业出版社，2013年2月第1版，第17页。

读完上面两个例子，作者采取类似的方法举一个例子，如果有一群朋友正好来访，在我家的凉台上可以远远地看到北京西山的轮廓，我请朋友们将自己看到的西山轮廓分别画下来，然后比较结果，大家发现一致性很高。然后我们驱车到西山的潭柘寺郊游，路上分别在距西山不同距离的地点，我又请朋友们分别画下西山的大致形态，结果读者应当可以想见，距西山越近，大家画出的结果就越不一致，当我们到了潭柘寺，我们已经无法进行这项工作，因为身已在其中了，有多少人，就会有多少结果。而且，同一个人在不同的时候，画出的结果也不会尽同。

我们再借这个例子解析前面的两个例子。当我们在不涉及自身具体利益的情况下，远远地谈论自由、平等、公平、正义、民主、法制、人权时，大家是不会有分歧的，就像我们画远处西山的轮廓。但当我们都是某一个具体事件的当事人时，我们对这些价值观的解释就会不同了，甚至还会产生激烈冲突。每个人有每个人的角度和利益，自然每个人会有每个人不同的价值评估和取向，一般地说不会有完全一致的认知。这说明，所谓的普世价值并不是绝对的、也不可能是绝对的。任何对单一价值观的过度强调甚至还是有害的，过度的平等会死人、过度的自由会死人、过度的民主会死人，过度的人权也会死人，难道在这类例子当今社会发生的还少吗。

同样地，对柏拉图的矩形和圆形，当我们让每个人根据自己脑海中存在的永恒不变的矩形和圆形，分别画出矩形和圆形时，你会发现所有的结果都是不一样的，即便你让同一个人分别画多次，他的结果也不可能是一样的。更为关键的是，你能在你的脑海里形成、并保持哪个永恒不变的矩形或圆的清晰、完整的图像吗？一分一刻都不能！

通过对三个例子的分析，我们不难看出，不管是柏拉图脑海中矩形和圆形的理念还是西方政治家声称的自由、平等的理念，都不是永恒不变的，也不是绝对的，在现实中更是不能绝对地实现的。

其实，我们还可以做一个简单的实验，画一个一般人看不出来稍有欠缺的圆，让不同的人来判别它是否足够圆。按照柏拉图的观点，结果应当是所有的人都会指认它不够圆，因为每个人脑海里都存有一个永恒不变，绝对真实的圆可以参照，但实际情况则不会如此，即只有少数人可能会大概指出所画圆的不足之处，而且这少数人还会在更细微的地方产生严重分歧，而多数人则认为它已经足够圆。实际上，我们都有这样的经验，在现实中越是精细的东西，在脑海里就越是难以定位和清晰地想见。我们的梦境永远比现实场景更模糊，更不连续。虽然梦中可以"见"到现实中见不到的事情，帮助我们进行联想，甚至产生创造性思维，但所有这些就本质而言也是一种现实。总之，我们脑海里的一切活动也都是物质活动的一个组成部分，而不是超越现实的另一个世界。

在西方哲学体系的内部斗争中，柏拉图主义首当其冲地受到了唯物主义一支的批判。例如，维也纳小组认为：纯粹数学所表现出来的真，实际上是先验的。数学的本质是有语法性，而没有任何描述性内容。

下面我们用哥德巴赫猜想作为例子解释上面两句话的意思。素数是一个纯数学概念，即可以不依赖我们日常生活经验而产生的概念，或曰先验概念。它意为只能被 1 或其自身整除的数，当然学过数学的人都知道素数在纯数学中是一种真实的存在。普鲁士数学家哥德巴赫猜想每个比 2 大的偶数都是两个素数之和。比如4=2+2，6=3+3，8=5+3等等。人们虽然对任何一个单独举例出来的偶数都能验证其符合哥德巴赫猜想，但到目前还没有发现一般性结论的证明。按照柏拉图主义的认识，哥德巴赫猜想的证明对我们现实生活和物质世界来说是有决定性意义的，因为它决定了很多事情是真还是伪；而按照维也纳小组的认识，哥德巴赫猜想的证明与否对我们的现实生活和物质世界无关痛痒，因为哥德巴赫猜想只是纯数学语境下的一个游戏而已。

维也纳小组对柏拉图主义的批判还是有分寸的，他们将几何学和与物理学等其他学科相关的数学从纯数学中摘了出来。因为他们认为物理学本身是经验的，因此作为对这种经验的描述，相应的数学表达也自然具有实际的意义。但维特根斯坦似乎就没有那么客气了，他毫不留情地说：数学只是一套语法，即规定了什么能说什么不能说的规则体系，在这个体系之外它什么意义也没有。或者用逻辑语言说，数学不折不扣地是重言式，90度角A＝90度角B，与"将要发生的将要发生"这类表达是一样的，没有带来任何新意。[2]

其实，在作者看来，只要你的世界观是承认绝对真理的，你围绕这个绝对真理展开的任何表达体系，不管是数学主义的、逻辑主义的、形式主义的、结构主义的，还是其他什么语言的，都不可避免地是重言式。因为绝对真理只能等于自己，如果绝对真理还能够产生除自己以外的任何其他内容，就说明你原来视为绝对真理的东西并不是绝对的，这显然与你的初衷相悖。在这个问题上，相互批判的唯物主义与唯心主义本质上都在犯同样的错误。

实际上，数学这门学科本身就是人们从日常生活经验和理性思考中提炼出来的，并不是绝对先验的产物，也不存在所谓的纯数学与应用数学的绝对划分。甚至它就是我们日常生活和物质世界的组成部分，既不是绝对的异类，也不是绝对的统治者。

情况与实证主义接棒留基伯、德谟克利特原子论有些相似，同样是经过两千多年后，与实证主义同时期的希尔伯特的形式主义成为了

---

2. 相关讨论参考了《不完备性》有关内容。

柏拉图主义的接棒者。戴维·希尔伯特（Davit Hilbert, 1862年—1943年）从元数学立场出发，想将数学的基础打造得更坚实。他认为当今的数学是一套从公理到定理的论证体系，定理由公理论证产生，而公理则是建立在所有人的共识或直觉基础上的，是不用被证明，自然成立的。但这种直觉靠得住吗？起码从欧几里得几何到非欧几里得几何的变迁可以看出公理并非是绝对可靠的，而且从逻辑上说公理被"天生崇拜"也是不严谨的。为了克服这一缺陷，希尔伯特设想了一种排除了对所有直觉依赖的方法，即通过约定一些达成共识的推理规则，它们实际上构成了数学的全部真理，数学家们从一些不做诠释的符号串得出另外一些不做诠释的符号串，在这个过程中没有数学家必须用来评判和约束自己的任何外部规则。这很像国际象棋，我们只约定了行棋的规则，具体怎么下完全由棋手自行决定。希尔伯特想实现的这个思路被称为形式主义，它是柏拉图主义的一个变种，也是一种元数学企图。

在当今，形式主义的实践似乎获得了空前的成功。因为如果我们将计算机语言视为形式主义产物的话，它们好像无所不能。

当然，作为大数学家的希尔伯特不会天真地认为，形式主义必然会成功，他清楚地知道要实现自己的元数学理想，还有很长的路要走。希尔伯特首先要解决的 2 个问题是：1、数学体系是一致的，即在数学内部不存在相互矛盾的证明结果；2、数学体系是完备的，即在数学内部不存在不能证明的真理。

1900年，希尔伯特在第二届国际数学家大会上做主题演讲，在这次的演讲中，他提出了 23 个他认为需要解决的最重要的问题，基于"数学中没有不可知"的坚定信念，希尔伯特实际上已经在心目中对这 23 个问题有了自己的预设答案。

但不幸的结果出现了。始作俑者也是一位柏拉图主义者，叫哥德尔。具有讽刺意味的是，哥德尔曾是维也纳小组的成员。在维也纳小组中他一直扮演沉默者的角色，尽管内心并不认同其他成员的观点，但却在很长的时间里坚持参加维也纳小组的活动，我们姑且把他当做柏拉图主义在实证主义中安插的"卧底"吧。

希尔伯特的第一个问题涉及康托尔的连续统假设，即自然数集合和实数集合之间没有其他无穷集合。希尔伯特当然希望这是一个可以被证明的假设，否则的话就意味数学中存在不可知的真理。但不幸的是，哥德尔和科恩一起证明了连续统假设在目前的集合论中既不可能被证实，也不可能被证伪，希尔伯特所担心的事情发生了。

而且祸不单行，希尔伯特的第二个问题是，算数公理的一致性。但哥德尔给出的结论是，有可能存在不可证明，但却为真的算数命题。这个结论实际上等于宣告，算数的形式体系是不完备的。由于希尔伯特自己已经证明，只要算数的形式体系是完备的，则几何的形式体系也是完备的，因为几何像所有数学分支一样，是基于算数的真理性。但现在哥德尔证明了算数的不完备，就意味其他数学分支也将是不完备的。有什么办法呢，虽然沮丧，甚至愤怒，但也只能接受。这次柏拉图主义受到的打击不是来自外部的其他主义，而是来自内部。[3]

其实，在作者看来，任何基于绝对概念而建立起来的表达体系不管是物理的、语言的、还是数学的，都不是也不可能是完备的。反之，只有基于不绝对概念的表达体系才可能是自恰的，注意这里我们并没有使用完备，因为既然我们否定绝对概念，就应当避免使用带有绝对意味的完备一词，虽然这种表达体系不是一致的。换句话说，在不承认绝对真理世界观看来，所谓的一致性、完备性都是一种不切实际的诉求，因为当我们认为所有概念都不是绝对的，这就意味着所有

3. 同2。

概念都存在内部矛盾即不一致性，因此不一致是事物的本来特征之一，是自然而真实的存在，而不是应当被去除，更不是能够去除的东西。例如，人的本性这个概念，如果你认为它可以是一个绝对概念时，不管你认为是善的，还是恶的都不可能完备地解释人类社会问题。但如果你认为它不是一个绝对概念时，即认为人的本性既有善的成分也有恶的成分时，你才能合理地解释人类社会存在的各种现象。当然此时你的解释也不是绝对的，只是在一定的条件和环境下足够的自洽。再进一步说，所谓的一致性或完备性，本就不应该是我们的表达体系应当必然追求的目标。所有的人对所有的事情观点是一致的，这件事本身就是不可想象的，在这种情形下，人还能存在吗，人生还有意义吗？

第三节 现代主义

　　第一节我们讨论了唯物主义的原子论，第二节我们讨论了唯心主义的元数学。不知道是否有好事者统计过，迄今在西方哲学史上已经被命名的主义有多少种？作者以为恐怕一万种以上总是有的吧，因为据说仅仅自由主义的相关分支就有多达一千种以上。反正作者自己是不会去做这样的事情的，这种统计既没有太大的意义，也是不可能计算清楚的，因为到最后你会发现主义间实际上是你中有我，我中有你，犬牙交错缠绕不清的。从普遍意义上说，有多少种绝对思维，就会产生多少种主义，而这样的思维是无数的。事实也是如此，如果浏览一下西方哲学史，你会发现这简直就是一个不断创造主义的历史，主义们后浪推前浪，生生不息。

　　一种获得普遍认同的观点认为，西方哲学起源于苏格拉底，或苏格拉底、柏拉图、亚里士多德这师生三人。为什么是苏格拉底，而不是古希腊同时期，甚至更早的其他思想家？

　　与东方大致同时期的另外两个思想家老子和佛陀类似，苏格拉底并未直接留下自己的著作。有人认为这是一个遗憾，但作者却以为这反而可能是苏格拉底的一大优势。因为这给他的弟子们提供了一个很大的机会，他们可以借其名夹带自己的私货。往好的方向说，即便弟子们不会做这种欺世盗名之事，他们也难免在讲述苏格拉底的思想时，将自己思想最精华的部分揉进苏格拉底的思想中。因此有很大的可能是，后人所认知的苏格拉底思想，其实众人的思想成果。但这个猜测显然还不足以将苏格拉底捧上西方哲学始祖的宝位，因为要登上这个宝位，总得有点战友们都认可的军功吧，正好苏格拉底有一个很了不起的军功，那就是"打败"普罗泰哥拉。

在苏格拉底生活的年代，古希腊的思想界可谓是百花齐放，百家争鸣，很类似同时期的中国春秋战国时代。那时有一群人风头正盛，他们能言善辩，以教人智慧之学维生，游走在各个城邦之间，门下学生众多，被人们称为辩士。这群人中最出众的，是一位叫普罗泰哥拉的辩士（Protagoras，公元前485年—410年）。辩士们大多不承认绝对真理，他们追求的效果是，在大庭广众之下或法庭之上舌战群儒，立于不败之地。在辩论会上，他们不管站在哪一边都往往能战胜对手，因此常被人们视为英雄。普罗泰哥拉则被视为英雄中的英雄，拥粉无数。例如，普罗泰哥拉第一次造访雅典时，就曾受到雅典人的热情款待，可以说万人空巷。

普罗泰戈拉最有名的主张就是那句被维也纳小组引用的"人是万物的尺度"，但对这句话的理解与维也纳小组有着本质的不同。他认为：世界上没有事物是可以依其自身而确认其本质的；相反的，事物是借助于与其他事物的互动来获取其本质。没有任何事物就"是"某件东西，每件事物都处于一种"变成"某物的过程，而"变成"某物的过程就是与其他事物发生关联的过程[1]。显然，普罗泰戈拉的理解中带有不可知色彩，更强调尺度的相对性，而维也纳小组的理解则相反。也正是因为如此，普罗泰戈拉的思想被后人冠以相对主义。由于普罗塔哥拉观点中的不可知色彩挑战了神的权威，他后来遭到放逐，并于其70岁生日前，在渡海赴西西里途中遇沉船而亡。在作者看来，普罗泰戈拉的思想光芒要远远强于苏格拉底。因为我们在前两节讨论的原子论、维也纳小组、柏拉图主义、形式主义遇到的种种困境，在普罗泰戈拉的思想中都可以找到缓解的方案。遗憾的是，普罗泰戈拉的著作大多被焚

1.《尼采的锤子——哲学大师的25种思维工具》，【英】尼古拉斯·费恩著，黄惟郁译，新华出版社出版，2010年1月第一版，第12页。

毁，只有少数断简残篇留传下来。

首先，普罗泰戈拉是以万物都在变化的眼光看世界的，表明他不承认绝对真理，同时就避免了原子论那种以固定的眼光看世界带来的，对事物不确定性一面的困惑。其次，以不断变化的眼光看世界时，就自然避免了对所谓一致性和完备性的依赖，反而更容易实现自恰。再者，万物都在变化之中的思想，极大地扩展了我们认知的空间，从而大大地减少了各种主义那种管中窥豹思维方式带来的局限性。在本丛书的第二卷和第三卷的不同地方，我们还将讨论普罗泰戈拉的思想光芒，届时读者将会有更深入的体会。

当然，普罗泰戈拉的思想体系也存在重大的不足，就是强调真理的相对性过了头，使其怀疑有余，而建设不足。另外，普罗泰戈拉的那句名言"人是万物的尺度"，本身也与其不承认绝对真理的世界观相悖，可见其世界观还处在一个很不成熟的阶段，从这点看，普罗泰戈拉被冠以相对主义也不算冤枉。

前面提到的苏格拉底的军功正是利用了普罗泰戈拉强调相对过头的缺陷，给了普罗泰哥拉"有力"的一击。

事情经过从普罗泰哥拉的一段陈述开始：我们对事物的认知是由我们与事物的互动中产生的（这段文字是作者为使全句话更完整而加的，作者注）。如果我觉得风热而你觉得风冷，那么风便同时对我而言为热，且对你而言为冷。这并不是说风同时是热的又是冷的，因为温度并不存在于风本身，而只存在于风与感觉风冷或热的人之间的关系中。某人知觉某物的方式只对该物及其知觉者有意义，与其他人毫无意义。另一个人觉得风冷并不意味着风对我而言不暖。既然事物只经由被某人知觉的方式而获取其具体本质，那么我知觉某物的方式便永远不能说是错的。事物的本质无法反驳我，因为没有我的知觉便没有事物的本质；同样地，其他人的证据也无法反驳我，因为他们的知觉和我自己的知觉没有关系。[2]

直观地理解，普罗泰戈拉的这段话的确存在很大的问题，甚至是唯心主义者柏拉图都接受不了的唯心主义，太有点罔顾事实了。如"温度并不存在于风本身"、"与其他人毫无意义"、"没有我的知觉便没有事物的本质"等等表述。但如果你联系普罗泰戈拉在其他场合的表述，贯穿起来分析就会发现问题在很大程度上是表达不善造成的。同样是那段话，如果作者修改为：如果我觉得风热而你觉得风冷，那么风便同时对我而言为热，且对你而言为冷。这并不是说风同时是热的又是冷的，因为对温度的感觉并不存在于风本身，而只存在于风与感觉风冷或热的人之间的关系中。某人知觉某物的方式只对该物及其知觉者有直接具体的意义，与其他人并无绝对的意义。另一个人觉得风冷并不必然意味着风对我而言不暖。既然事物的本质需经由被某人知觉的方式而获取，那么我知觉某物的方式便永远不能说是绝对错的。事物的本质无法反驳我，因为这个本质是事物与我的知觉互动的结果；同样地，其他人的证据也无法否定我，因为他们的知觉和我自己的知觉没有绝对的关系。

虽然作者不能替普罗泰哥拉说，修改后的意思更能体现他的原意，但显然经作者修改后，整段文字内容更自恰了，也更有弹性了，进可攻退可守，才像一个高级辩士所为。如果普罗泰哥拉这样表达，你再给他戴上相对主义的帽子，那我们可要较真了。

即便按照普罗泰哥拉的表达，他所说的"温度不存在于风中"的意思也不是指温度在风中客观上就是不存在，而是指事物在未经我感知前，在我的意识中不存在，这里的不存在的含义是，我不知道它存不存在，我对它的本质也就无从认知。实际上，普罗泰哥拉的意思与维

2. 同1，第12页。

也纳小组的观点，任何事物未经感知是没有意义的很相近，而我们知道维也纳小组被冠名实证主义，是持强唯物主义态度的，或者说比马克思主义的唯物观更唯物。因为他们反对从一种客观性简单地推理出另一种不能被直接验证的结果，即在实证主义看来，马克思的共产主义论断是唯心的。虽然难逃替普罗泰哥拉说话之嫌，但作者向来反对，仅根据支离破碎的语言环境就随便给人扣主义的大帽子。较好的方法是，通过对方成体系的著作进行分析。更何况普罗泰哥拉的只言片语是出自柏拉图这个心怀叵测的人提供的语言环境中呢，很难说这不是柏拉图设计好的伏击阵地，特意让苏格拉底建立军功。

站在局外人的角度看，绝大多数被认定为唯心主义、或唯物主义的哲学家都是被误判的，或者说这种主义的划分本来就是不可行的，必然会产生悖论，即一个唯物主义者得出唯心主义的论断，或反过来。历史上这样的冤假错案比比皆是。这个问题对当今中国很大一批被灌输出来的唯物主义者来说应当特别注意。对这批唯物主义者来说，还有一点要注意，不是所谓的唯物主义的观点就是对的，而唯心主义的观点就是错的，因为在他们的脑海里已经被预设了这样的是非观。极少有人会傻到不承认事物客观存在的事实，唯心主义与唯物主义之间，或其他任何不同主义之间都没有，也不可能有绝对的界限，同样也没有绝对的是，或非的界限。

其实，对所谓哲学家来说他们最大的困惑往往在于如何表达自己的思想。因为他们比常人更容易洞察到概念之中的裂隙和杂物，他们又迫切地需要将它们表达出来，即利用这些有缺陷的概念将缺陷展示出来，有时不得不创造一些新的概念，但很快就会发现新的概念仍然存在裂隙和杂物。这种现象对作者来说是不难理解的，因为本来就不存在绝对的概念，作者甚至主动承认自己的表达不可能是完美的。但对承认绝对真理的哲学家来说，这是一个比哲学还要哲学的难题，你会发现往往他们著作的大部分内容都是在处理如何表达的问题。

再怎么说也晚了，辫子终归被苏格拉底揪住了。于是苏格拉底开始出击了：为什么人是万物的尺度，而其他生命体不是，这对其他生命体而言不是不公平吗？为什么猪的意见不能和人的意见一样站得住脚呢，因为猪也有感知能力，也可以和其他事物互动呀。

基于自己之前的表述，普罗泰哥拉不得不正面回应苏格拉底的诘问：只要猪也有能力产生自己的意见，它们就完全有权享有自己的意见。[3]

问题由此产生了，由于普罗泰哥拉在之前的陈述中并未给对事物本质的认知加任何的限制，这就意味猪的认知与人的认知是完全等价的，也就进而意味你—普罗泰哥拉对世界的理解与猪的理解是一样的，你能做到的，猪也同样能做到。普罗泰哥拉似乎陷入了窘境，自己和猪为伍了。

其实，在作者看来，即便交锋到这里，普罗泰哥拉也并没有失败。如果他这样回答苏格拉底：只要猪也有能力产生自己的意见，并且你（指苏格拉底）能翻译给大家，那么我们就可以在一定程度上理解猪在它的环境下产生的意见的价值。也就是说，只要普罗泰哥拉适当地在自己的语言中加入一定的条件限制，就可以避免过于尴尬，或者把"球"踢给苏格拉底。总之，作者很怀疑柏拉图对话录，"泰提特斯"中的记载，因为那里的普罗泰哥拉并没有展示出一个著名辩士的风采。但怀疑归怀疑，人家毕竟有白纸黑字留存下来了。

如果说被柏拉图刻意记载的这场交锋，算是普罗泰哥拉失败的话，也应当说普罗泰哥拉不是被苏格拉底打败的，而是被自己打败的，他在相对的理念上走得太远了，以致走到了自己所反对的绝对道路。普罗泰哥拉不仅成就了苏格拉底，还让自己的名言"人是万物的

3. 同1，第13页

尺度"成为了后人"嘲笑"的话柄，甚至当后人提起普罗泰哥拉就很容易与猪联想到一起。在之后的两千多年里，任谁都不齿于与相对主义为伍，唯恐躲之不及。更为关键的是，这还牵连了不承认绝对真理的世界观，因为一提不承认绝对真理，就自然被扣上相对主义的帽子，也因此就成了与猪为伍的人。最受益的当然要数苏格拉底，因为是他"彻底"打败了不承认绝对真理的世界观，因此理所当然地被奉为西方哲学的奠基人。

自此，西方哲学开启了一个长达两千多年，且至今尚未结束的"盛世"，即"现代主义盛世"。

所谓现代主义作者是这样理解的：1、承认绝对真理的存在，即现代主义世界观；2、具有众多探讨如何追寻绝对真理的方法和路径的分支，即现代主义方法论，如我们前面说的唯物主义、唯心主义、实证主义、形式主义、经验主义、辩证法等等；3、以构建一个以绝对真理为核心，能完整地表达人类对世界全部认识的理论体系为最终目标，或以构建一个以局部真理为核心，能完整地表达某一类知识的理论体系为当前目标。前者为我们通常说的"元叙事"，而后者为我们通常说的某某哲学，如政治哲学、数学哲学、生命哲学等等。

由于在作者定义的现代主义之前，在文化艺术领域已经存在一个现代主义的概念，本书编辑刘雁女士建议作者用适当的方式加以区分，以避免读者的误会。作者接受了刘雁女士的合理建议，在本书跋的位置上补充了一个"关于现代主义定义的说明"，那些对文化艺术现代主义有所了解的读者可以通过阅读该说明，区分作者定义的现代主义与文化艺术领域的现代主义，以免混淆。

可以说，作者定义的现代主义是西方哲学作为一门显学的主要脉络。甚至可以说这种现代主义就是狭的西方哲学。也正是因为这个原因，作者总觉得将其称为现代主义有点委屈它了，尽管它具有主义的典型特质，即企图高度概括某种理论体系，但它相对于其他主义来说体积又太庞大了，而且与其他主义之间还多了一层"母子"关系，因此也称其为主义显得有些长幼不分。

为什么现代主义会孕育出如此众多的子孙，这个大家庭的成员又为什么会如此不和睦？作者认为是其世界观决定的。从事现代主义研究的学者，由于他们坚信存在绝对真理，所以他们会自然而然地从身边最有把握的确定性入手开展自己的研究，像柏拉图、希尔伯特从数学着手，维也纳小组从物理学和其他科学研究着手那样。而世间万物都是以某种确定性展现在人们面前的，也可以说确定性无处不在，因此现代主义研究就可能从任何一点展开，这大致就是主义如此繁多的另外一个原因。另一方面，一旦某个具体的研究者对自己捕捉到的确定性深信不疑时，他就本能地会将其他研究者的研究结果加以排斥，因为绝对真理只有一个，否定他人才能保存自己，这是一种你死我活的关系。

由于，每个主义都有自己的绝活儿，都在自己擅长的领域有所建树，所以一个主义想要击倒另一个主义也并不是件容易的事情。更由于，绝对真理世界观信奉的是绝对的是与非，因此想彻底打垮一个主义就更难了，今天你在这个问题上取得了暂时胜利，明天它换个面孔又来了，防不胜防。同时在主义之间的斗争中，双方为修补自己的缺陷，往往会派生出大量新的主义分支，如此像滚雪球一样，主义越滚越多，变化也随之越复杂，最后连"父母"都可能不认识自己的"儿孙"了。然后，这些本是同根生的子女间，也会展开自相残杀。典型的就像自由主义，几百、上千个分支，不仅与其他主义斗，各个分支之间也斗。

生活的经验告诉我们，当一个老旧的建筑将要坍塌时，破碎化往往是一个明显的征兆。如果我们将现代主义的细分化视为是一种破碎现象的话，那么这种破碎是否预示，现代主义这个庞大的躯体将要坍塌了呢？有两个现象的出现似乎在有力支持这种猜测：一个现象是主义的多元化趋势；另一个现象是后现代主义思潮的出现。

早期的主义大多以单要素面孔出现，即围绕一个主要的核心概念展开自己的理论体系，如原子论、柏拉图主义、古典自由主义；唯物主义、唯心主义、理性主义、经验主义等等。随着人类认知的进步，人们逐渐发现这些核心概念并不单纯，往往和其他概念交织在一起，扯不断，理还乱。这会导致自己的理论体系内部出现矛盾，难以自恰。例如，自由主义发现自由总是和平等及其他概念纠缠在一起，单纯讲自由，不顾其他概念的作用，在现实中根本就行不通。因此有些自由主义开始想到对自由主义进行多元化改造，即把平等、公平、正义等其他相关概念也引入到自己的理论体系中，让它们也扮演一定的角色，以提高自己的自恰性。他们干脆将自己的理论就称为多元自由主义。这种对某一主义进行多元化改造的趋势，说明人们对绝对概念的信心开始动摇，同时也意味着对绝对真理信仰的某种程度的松动。

至于所谓的后现代主义思潮就更像主地震前的前兆小震了。后现代主义思潮说起来很复杂，也很难说得清楚。按照作者的理解，它主要是一股对现代主义进行反思的潮流。或者也可以这样说，后现代主义有很多色彩，作者更看重的是其中的一种对现代主义进行反思的色彩。从内容上说，后现代主义主要表现为对现代主义各个主要分支的解构。所谓解构，通俗地形容很像将一幢老旧建筑的主要结构进行拆除，促它早些解体，以便腾出地方，为新建筑的建造做好准备。这个比喻，也揭示了后现代主义的主要特征：1、对承认绝对真理世界观的问题已经有了一定深度的认识；2、但对不承认绝对真理世界观尚缺乏系统的理论准备。前一个特征使它闪烁出一些新的思想火花；后一个特征却又使它看上去杂乱无章，处处出击，却又处处不得要领。一哄而起，遇到抵抗后又一哄而散。这也是我们将其定位为一股思潮的原因。很像一群乌合之众发起的抗议现代主义的游行，既没有什么理论积淀，也缺少组织准备，队伍无序，还掺杂着零星的打、砸、抢这类的暴力行为。

尽管后现代主义思潮自身存在很多问题，但作者以为它的出现，有着积极的意义。一方面，现代主义已经表现出颓势，各个主要分支均已开始分崩离析，后现代主义此时出现有利于唤醒更多的人；另一方面，像作者这样鲜明的不承认绝对真理世界观已开始构筑自己理论体系的预制件，新建筑已经具备了一定的建造条件。它的出现起到了一定的承前启后的作用，为一场思想意识领域真正的转折做了一次预热。

现代主义毕竟是一座苦心经营了数千年的老店，拆毁它不会是一件轻松的事情，可能需要几代人，甚至几十代人的努力。

我们当前首要的任务是沉下心来，练好自己的内功。

第四节 点看世界

从前三节的讨论我们看到，各种主义不管它们的结论多么离谱，但它们的起点都源于对事物某种确定性的观察，这说明它们的起点都具有一定的真实性、客观性、合理性。例如：万物的确都具有更细微的结构，如分子、原子、质子、电子、中子、夸克等等，这说明原子论具有其一定的真实性、客观性、合理性；电脑、手机、电视和大量其他数字化、智能化家电在我们生活中的广泛应用，也说明柏拉图主义并不只是一种空谈；甚至在社会学领域的自由主义、社会主义、资本主义不管是在理论中还是实践上也都有一些可圈可点的地方。那么我们为什么不能由一种确定产生其他的确定，由一种正确推导出其他的正确，相反总是由一种表面看上去很确定、很对的事情出发却得出很不确定、很不对的结果呢？

实际上，我们从本书第二节的讨论中已经可以看出端倪。形式主义已经告诉我们，任何建立在绝对概念基础上的表达体系，都不是完备的，也不是一致的。逻辑实证主义还进一步告诉我们，绝对的确定只能产生重言式，即除了等于自己，不能导出其他任何的新东西，道理很简单，因为它已经绝对确定了，什么都不多，也什么都不少。换句话说，从任何确定的知识出发，我们不可能推导出现实世界中任何其他绝对真实的事物。在现实生活中，我们之所以能够从一种知识推演出其他新的知识，是因为知识并不是绝对确定的，它包含着不确定性，也就是说它隐藏着有关新知识的信息。将上面的结论推而广之，从我们当今或未来所有已经掌握或将要掌握的全部知识出发，永远都不可能：1、推导出我们全部未知的世界；2、将我们已有的知识完备地统一起来。那这是不是不可知论呢？当然不是，我们与不可知论的区别在于我们认为事物都是可知的，但我们永远无法穷尽知识，永远都有未知的事物在我们的知识体系之外。而不可知论认为，有些事物你永远都不可能知道。注意，这里说的可知是指对事物的确定性有所认识，而不绝对的认识。在绝对这个问题上，我们和不可知论也有本质区别，即我们认为不可能绝对地认识事物，是因为绝对本不存在，事物本身就不绝对，而不可知论的观点则认为绝对是存在的，但不可知。

根据以上讨论，我们是不是可以反过来思维，要产生我们这个千变万化的世界，出发点只能是不绝对确定的东西，只有如此，我们才可能得出：既可多，也可少；既可东，也可西的可变化、有新意的结果。如此，我们不就可以避免绝对意义上的不完备、不一致的困惑了吗。进而，我们不是可以由某种已知推论出未知，不断地创新了吗。当然，这里的所谓已知并不是绝对的已知，已知中必然包含了你不掌握的未知，由此产生的新知识也自然不是绝对的，仍包含着不知。看上去很矛盾，但却符合我们面对的现实。但这可不是一般的反向思维，而是世界观的反向思维，即我们必须从承认绝对真理的世界观转变为不承认绝对真理的世界观。

再回到前面的讨论，我们就不难发现，那些主义从某种确定性出发，却最终得出谬之千里的结果，根本原因是它们的世界观错了。它们认为是绝对确定的出发点不是也不可能是绝对确定的。因此，当它们从自认为确定的起点出发，越走越远时，确定性中的不确定性就会越来越放大，以致在所谓的终点，离它们预期的目标相差十万八千里。

当一个人的世界观是承认绝对真理的时候，他自然会用确定的点和由确定的点的组合来看、来分析、来认识世界，我们称其为"点看世界"。如我们在前面分析的，点看世界一定包含了以偏概全的致命缺陷。

由于，现代主义本身就是一个庞大的承认绝对真理的理论体系，因此点看世界也就自然是现代主义的整体缺陷。这个结论可能会让部分读者感到惊讶，因为现代主义已经主导了西方文明长达2500年，我们今天的许多科技成果都孕育自这一理论体系，这些都是实实在在、真真切切的，你突然说现代主义整个理论体系都存在重大缺陷，既难以相信，更难以接受。

首先，我们指出现代主义存在整体缺陷，并不等于我们彻底否定现代主义的积极成果，对这些成果我们是持拥抱态度的。其次，我们对现代主义成果的继承是有取有舍的继承，特别是要去除其中绝对的成分，还事物的真实面貌。例如，经典物理学中以牛顿定律为代表的大量等式，我们当然应该继承，但在继承时我们也应当清楚，这些成果并不像等式所表达的那么绝对，等式其实应当是约等式。这些由数学和物理概念表达的规律并不那么完美，中间包含了许许多多的不确定性，而且很多的不确定性是我们尚不了解的。因此，在这些等式的背后还有大量有价值的知识需要我们去探索。下面我们将通过两个具体的例子来分析两种世界观认知世界的不同，我们特意地选择了一个新的例子，一个古老的例子。

近一段时间，全世界媒体，特别是中国媒体都广泛报道了由中国科学院院士潘建伟领导的研究团队在量子通信技术上取得的突破性进展，作者同广大读者一样都为之感到高兴，并为该团队的工作点赞。但同时作者不得不指出的是，在媒体的报道中普遍使用了"绝对安全"、"永不能破解"等等形容语，这对量子通信健康和深入发展不仅不利还是极为有害的。所谓的"绝对安全"、"永不能破解"就是一种典型的，在绝对真理世界观指导下"点看世界"的例子。宣传中"绝对安全"的认识基于如下两点：1、单个光子是维系光传播的最小粒子，因此从光的世界来看光子是不可再分的。或用比较专业的术语说，光子是传递电磁相互作用的基本粒子；2、处在异地的两个粒子的缠绕态是绝对的一一对应的，如果你触动了一个，另一个也会立即反应，因此一旦外界对我的传输系统有不法企图，我立刻会知晓，并采取保护措施。

我们先分析第一点错误认识。这其实就是我们在第一节介绍的唯物主义原子论。虽然，当今仍然有很多人相信：原子是保持物质基本性质的最小单位；分子是保持物质化学性质的最小单位。甚至很多教科书也仍然是这样定义的。但随着我们对所谓基本粒子认识的深入，我们已经发现基本粒子不基本的大量实验证据，基本粒子有自己的结构，可以不断再分。事实上我们对微观粒子的认识还处在非常肤浅的阶段，以光子为例，虽然我们已经知道光子有自己的结构，但更细微的结构和这些细微结构的变化对光子的影响我们尚处于无知的状态。但我们相信光子并不是以一个完整的粒子形态参与电磁相互作用，它可以通过其内部微细成分的运动与外界交流，同时不明显影响自身在电磁相互作用中扮演的角色。也就是说，即便是单个光子，在传输过程中也会有信息外泄，只不过这种外泄发生在比光子更细微的微观层面上，我们现在并不掌握罢了。我们不否认在一定条件下，某种微观结构如分子、原子、光子对物质的性质具有似乎决定性的影响，但这只限于一定的条件之内。一旦走入更微观的层面，我们会很容易地发现，不管是上述条件还是影响都不是绝对的。回到上面对量子通信的宣传，我们的态度是鲜明的，即量子通信不是也不可能是绝对安全的，当然在现有的技术条件下，它可能是暂时安全的，因为我们还未找到破解的方法。也正因为如此，不承认绝对真理的世界观主张，人们应当在量子通信的领域不断进行深入研究，不断进行技术突破，才能不断地提高通信的安全性。或者说通信的安全永远都是一个魔高一尺道高一丈的过程，不会出现永动机式的一劳永逸的解决方案。

同样的分析也适用于量子通信绝对安全的第二个理由。

由量子通信的例子可以清楚地看出，点看世界的方法几乎必然地会在捕捉研究对象确定性的时候忽略不确定性的存在，从而轻易地得出带有绝对意味的结论。这种结论不仅会给我们的成果运用带来潜在的风险，例如当我们真相信量子通信是绝对安全的时候，自然会将所有的"鸡蛋"都放在一个篮子里，放松对安全的警惕。一旦黑客在技术上有所突破，就会造成重大损失，甚至在战争期间带来灭顶之灾。而且，绝对的结论还会妨碍我们对研究的继续深入，因为那时我们会自以为研究已经到头了。

我们在讨论点看世界的缺陷时，会有读者简单地将"点"与原子挂钩，认为这种缺陷只发生在微观领域。作者要指出的是，点看世界的点是广义的点，它指任何被认为是确定的事物。例如，如果我们认为物质和精神、存在和意识、生命与非生命等等概念都是确定的，则这些概念也可当做点，因为当人们把这些概念作为看世界基础时，它们的作用与原子的作用是类似的，都会产生绝对的研究结果。实际上，在不承认绝对真理的世界观看来，所有上述这些概念都不是，也不可能是绝对的。例如，如果生命和非生命的概念是绝对的，那么非生命就不可能产生出生命，因此非生命与生命概念之间必然是相互交叉的关系；是你中有我，我中有你的关系。

为了加深我们对点看世界危害的认识，我们再举一个虽然是古典的，它在现代主义诞生之初就已存在，但至今仍在影响着相当多人的例子，即自由主义的例子。

自由主义笼统地说，是一种围绕自由这个基本概念展开的社会治理理论体系。自由主义可以是一般的政治主张，即仅限于强调自由的必要性；也可以是一种政治哲学，即强调自由在社会治理中的必然作用。但不管是哪种自由主义，只要论述人持承认绝对真理的世界观，就都会表现出点看世界的特征：缺陷与绝对并存。

表述比较严谨的自由主义大都会假设一个前提，如人都是利己的，并具有判断某一社会治理模式或政策对自己是否有利的理性。在此前提下，对一个由这样的人群组成的社会来说，只要保证他们能够自由对社会制度不断地进行选择，则社会治理模式就自然会越来越趋于合理。从理论上讲，大凡信奉绝对真理的研究者在构建自己的理论体系时，首先要考虑的就是方法论问题，即如何使自己的理论能够通向最终的结论——绝对真理。

由上述假设看，自由主义的方法论有点像笛卡尔的经验、理论循环法或黑格尔的辩证法。笛卡尔的循环法要义是，通过体验和理性的判断，不断地进行选择，不断将有缺陷的结果舍弃，留下来的自然就是可信、可行的正确结果。该方法论用在自由主义的立场可表述为，在人们自由选择权利得到充分保障的情况下，人们自然会根据自身利益的需要，理性地选择对自己更好的社会治理模式，经过不断地尝试和理性选择后，社会制度就自然会趋于完善。但在现实生活中，一方面由于人们自身利益的不同、考虑利益的角度不同、理性判断的标准不同、利益随时间环境的改变发生的变化不同等等因素的影响，人们的利益需求千变万化，即便在利益相近的团体内部，利益考量也有很大差异；另一方面在理性判断上，同样一件事也不存在唯一正确的标准，不存在简单的是非结论，任何事情总是有对的地方，也有错的地方，既有利也有害，而且条件变化时，这种利害关系还可能发生转变。以上种种不确定性决定了，虽经不断的选择，也并不能确保我们的社会治理模式必然向好。而且就是否向好的判断也不存在确定的共识。虽然按照点看世界的观点，我们在理论上应当可以做到不被同一块石头绊倒两次，但在实践中没有一块石头是完全同样的，也就是说我们可以被同类型的石头绊倒无数次。

自由主义的方法论也有点像黑格尔的辩证法，即人们通过不断地实践、评判、选择过程，将那些合理的社会治理要素提炼出来，再不断地加以纯化，最终就能获得理想的社会治理终极方案。美国的政治理论家，弗朗西斯·福山就是这样得出他的"历史的终结"结论的。显然，辩证法也不能顺利解决前述大量的不确定性问题。

当我们用不承认绝对真理的世界观再回头看自由主义的构想时就会发现：它所涉及的所有概念都不是，也不可能是确定的，因此由这些概念出发自然也不可能得出最终的结论。就拿最基本的自由概念来说，自由是一个确定概念吗，自由是一个独立的概念吗，自由是一个在社会治理中必然优先的概念吗？都不是。首先，我们对自由并没有一个绝对的判定标准，你可以说我们都有自由，也可以说我们都没有自由，即便在一些特定条件下也是如此，如一个国家的宪法规定每一个符合条件的公民都有选举和被选举权，好像在这点上人人享受的自由权利是相同的。其实不然，因为在一个社会中，每个人生活水平、受教育程度、所处地理位置、家庭环境、性别、年龄各不相同，因此他们实际享有的选举和被选举权利自然也不会相同，甚至有天壤之别。即便是同一个人，在不同的时期，他在这项权利上表现的自由度也是不同的。其次，由于人是生活在社会中的，自由这个概念之所以具有意义是因为我们每一个人都需要属于自己的选择和生存空间，也就是说自由对任何一个特定人来说都有它的特定含义。那么就随之出现了一系列问题，如何评判一个人对自由的主张对他人来说是合理的呢？显然需要平等、公平、正义、民主、法制等等其他的标准来进行衡量。没有这些元素的加入，自由无从谈起。当你再深入思考，就会发现不管你怎么切割，只要你想提出自由这个概念，它就离不开其他一系列概念的纠缠。这就是我们在后面将要谈到的所谓谱现象，好比太阳光是由光谱组成的，只谈光，不谈谱是不可能的。其实，自由的概念和光的概念一样，它不是一个可以绝对的概念，它本身就涵盖有平等、公平、正义等其他概念。在社会治理中，单拿自由说事儿，在实践中既是不可能的，得出的结论自然也是荒诞的。

正是概念不确定性的存在，自由主义在其发展过程中，围绕基本概念的理解不同"分蘖"出了大量自由主义分支。这里分蘖一词是作者根据点看世界的缺陷借用的植物学名词，意指为维护与绝对真理观的自恰，围绕对一些核心概念的理解差异，某一主义不断分化出新分支的现象。自由主义围绕对自由、自由与平等其他概念的关系、方法论、利益、权力、理性、选择等等概念都分蘖出了大量新的自由主义分支。分蘖是点看世界的非常普遍，甚至可以说是必然的现象。对这种现象古人也早有观察，因此就有了一个所谓经院哲学难题：一根针尖上可以有多少天使站在上面跳舞？当然，对承认绝对真理的人来说，答案只能是一个。但对不承认绝对真理的人来说，这并不是一个难题，因为答案是多少都可以。

通过前面的讨论，我们可以得出重要的结论：1、只要是点看世界，就必然会遗失认知事物的有意义的信息，同时得出以偏概全的结论。2、对点看世界获得的认知结果，我们也不应当全面否定，而应当有批判地加以继承。3、对不承认绝对真理的世界观而言，它在否定绝对的同时等于坦白地承认，它自己也不可能完整地掌握事物的全部知识，事物的不确定性永远都是我们要面对的现实。但相对于旧的世界观，新世界观可以做得更全面，更好。

第二章 形而上说点

第一节 给数学点下一个定义

在上一章，我们讨论了点看世界的缺陷。本章我们将进一步分析这种缺陷是怎么产生的。要讲明白其中的道理，我们还是需要从点开始，因为按照点看世界的观点，万物都与点直接相关，再复杂的事物都可以用点来表达，就像我们用手机拍照，只要手机的像素足够高，我们就可以得到足够清晰的画面的道理一样。如果点是确定的，那么点看世界的上述观点似乎并无不妥。由此看来我们与点看世界的分歧在于：点是不是确定的？这个关键问题上。而所有关于点的讨论，最终都会归结到对数学点的认识上，也就是说对数学点认识上的分歧才是最根本的分歧。

要讨论数学点，首先就要回答什么是数学点这个问题，即给数学点下一个大家都能接受的定义，然后在此基础上才能进行交流，展开讨论。但不像给其他事情下定义，我们一般总能在一个宽泛的基础达成一定共识，然后在这个共识基础上各自表达不同的理解。如，我们讨论生命现象时，总能在概括生命的基本特征方面具有一定的共识，然后围绕这些共识表述不同的观点。例如生命体都有有机结构，有遗传性，有生命周期，与外界有能量交换，个体间有一定社会联系，有一定自主活动等等。当然我们对有机结构、遗传机制、生命周期、能量交换、社会联系、自主活动的理解会有差异，但总归具有在共同的认识背景下进行具体讨论的空间。

但对数学点的讨论则显得明显不同，不同观点从一开始就难以达成有条件的共识。其实这种情况的出现是可以理解的，因为对数学点的认识已经触及了两种世界观的底线，即如果你承认数学点存在合理的定义，就几乎等同于你承认了绝对真理的存在，反之亦然。

虽然我们可以采取转移矛盾的定义方法，如点是事物存在的最小单位，这时矛盾固然转移了，但问题依然存在。有意思的是，表面看上去点的定义无从下手，但我们大家又似乎隐隐约约知道对方想说什么，就像柏拉图画出的圆，虽不规则，但我们知道是圆一样。而且，与其他我们可以展开讨论的概念相比，这种感觉更直接，更简单。好似唾手可得，细一想又遥不可及。

为了展开讨论，我们且不管认不认同，还是从一个具体定义着手，这个定义引自《现代汉语词典》，应当还算是比较"权威"的："几何学上指没有大小（即没有长、宽、高）而只有位置，不可分割的图形。如两直线的相交处，线段的两端都是点。"显然，这是一个自相矛盾的定义。既然点没有大小，它又怎么能占据空间位置呢？既然它没有形状，又怎么能称其为图形呢？但是，不跨越这一步几何学就无法建立自己完整的叙事体系。这也是所有的现代主义体系下的主义们都要面对的问题，也都是始终无法解决的问题，我们称之为绝对悖论，即当你讨论一个绝对概念时，不管你承认不承认绝对真理的存在，你的表达都会陷入相互矛盾的困境。如果你认为某一个概念是绝对的，那么从逻辑上说它只能产生重言式，即A=B，当且仅当A就是B，也就是说它不能产生除A以外的任何有意义的表达，A与外界不可能产生任何交流，作为A之外的人又怎么能知道A的存在呢。要克服这个困难，你只有扩大定义的内涵和外延，但这本身就违背了绝对。相反，如果你认为某一个概念是不绝对的，那么你从一开始就矛盾了，因为当你说没有概念是绝对的时候，这句话本身就是绝对的。造成绝对悖论的原因是，绝对是不可能充分表达的。

数学点的概念就是一个看上去最简单的绝对概念，因此当我们试图给它下定义时，你绕不了什么弯子，也没多少回旋余地，马上就会面对绝对悖论。既然没有其他的更好办法，上述点定义只能采取了一种近乎耍赖的方式来给出自己的定义，即你我也甭讨论物质是否可以无限分割、分割有没有终点的问题了；更别纠缠什么存在、意识、主观、客观、真实、可证等等扯不清的东西了，干脆我就告诉你，点就是这样定义的，合不合理我不管了，我只关心这样定义后，几何学的整体性问题。你要是不同意，你来帮我解释，一团乱麻都抛给你。反正我的"游戏"规则就是这样设计的，你喜欢就加入，不喜欢就滚一边去。事实上，即便对于绝大多数承认绝对真理的人也并不满意这个定义。因为在他们的想象中，对绝对真理的表述应当是极其完美的，不可能以这样丑陋的方式来表达。但想了几千年也没有想出更好的办法，反而是这种"无赖"方法最为有效。

点定义虽然看似将矛盾挡在了"游戏"外，但同时也就决定了"游戏"只能是游戏而已，它并不能完全代表游戏之外的真实世界。如果用它来描述事物也就必然是失真的。因为表面上看这样的表达体系很规范，空间全覆盖，但却是建立在不合理的假设基础上的，是做出来的样子。实际上，不仅是几何学，世界上任何表达体系，既包括我们今天使用的中文、英、法、德、西班牙语，也包括数学、逻辑、艺术、棋牌类游戏等形式语言都不是也不可能是完美的，因此它们在传递有益信息的时候，也必然同时传递错误信息。更为关键的是，任何语言都不可能是完备的，即它们都存在不能完整表达的缺陷。以较为简单的游戏为例，从广义上说，游戏也是一种语言，在规定了相应的规则，也就是广义的语法后，人们可以在此规则下进行交流，定输赢。游戏吸引人们参与的要义是公平，即游戏的规则对所有参与者来说是一视同仁的，但我们不管怎么规定游戏规则，你都会发现它们都存在不公平的地方，即它们都不能保证完备的公平。例如围棋是一个两人参与的游戏，在游戏中必然有人先下子，另一个人后下子，先走者自然会占便宜，因此规则规定给予后走者一定的补偿，但到底补偿多少合适呢？对这点中、日、韩三个围棋强国的认识各不相同，补偿的数量也各不相同，没有也不可能有绝对的共识，这说明围棋这种游戏语言是不完备的。

再举算数的例子，算数简单说就是以0和自然数为"词汇"，以加"+"、减"-"、乘"×"、除"÷"为语法的语言体系，它也可以说是一种最清晰的语言了。但如我们在本书第一章第二节所介绍，数学家哥德尔证明，算数这种语言体系也是不完备的，即在算数语言中有一些真实的东西，我们证明不了。

至于，狭义的我们人类使用的语言就更不用说了，即便是相同的句子，也可能表达不同甚至相反的意思。

那么是什么原因造成了这种现象呢？是"语法"和"词汇"的不完备造成的，因为语法和词汇也都是概念，它们本身就不可能是绝对的。事实上最简单的"词汇"可能要算数学点，或自然数1了，如我们在前面讨论的，连这些看上去最简单的"词汇"都相当的不简单，可见要让一个庞大的语言体系做到完备又怎么可能呢。

我们创立任何一种语言的目的无非是将事物的确定性信息，以确定的方式传递给他人。对承认绝对真理的人来说，这个目标并不奢侈，而且在实践中有很多看似很成功的范例，如我们的教育体系每天都将大量的知识传授给我们的后代，我们的实验体系每天都在创造出大量新的知识。你不至于说，所有的这一切都是不完备的，都带有缺陷吧。对不起，作者还真要这样说，我们人类今天所有的知识都是有缺陷的，或者说都不是绝对确定的。因为"世界上所有事物都既是确定的，也是不确定的，或者说它们都是确定性与不确定性共同的载体"。相信会有很多读者一时难以认同作者的这一观点，不要紧慢慢来，在本章后几节，甚至在本丛书后几卷中，我们还将从不同的角度反复讨论这个问题，这里只是做个预热，相信大多数读者最终会有所理解的。作者提前将自己的观点亮出来，目的就是想让读者从此在脑海里不断加深对这句话的印象和理解。

首先，"事物既是确定的，也是不确定的"这句话在直观上就很矛盾，但这却是避免绝对概念的唯一可行的答案。理由其实很简单，既然作为最小的事物数学点都是不确定的，那么比它大和复杂的其他事物又怎么可能是绝对确定的呢？这样定义事物看上去好像矛盾，但正因为它将所有可能的矛盾都保留了下来，才可以使我们对事物的表达减少遗漏，或者说才可能不断地趋于完备。作为铺垫，我们在此先举一个大家既很熟悉，也比较容易理解的例子，即关于人的本性的讨论。

人的本性是善还是恶？

对这个问题的回答，显然是仁者见仁智者见智：东方人倾向于人性本善，所谓"人之初，性本善"；西方人则倾向于人性本恶，所谓"人不利己，天诛地灭"。两种回答各有各的道理，同时也各有各的缺陷。

但不约而同的是，两千多年来，双方都固持己见，相信自己是对的。并在此基础上各自发展出了相应的社会文化。期间社会变迁、制度更迭、兴衰交替，两种文化各自演绎着自己的历史。虽然我们不能简单地用谁好谁坏来下断言，但可以肯定地说这两种文化都有璀璨的一面，也都有值得检讨的一面，造成这种局面的一个重要因素就是它们各自对人本性的认识既有合理的部分，也有严重缺陷。

在作者看来，人的本性不是一个绝对确定的概念，它不能简单地用是什么来回答。人的本性包含两种重要成分（不等于说只有这两种成分。作者注）：一种是社会依赖性，即人是有社会性的，单个的人需要依赖其他人的存在而存在。否则人类社会就无法延续。从这个意义上说，人都希望自己生存的社会环境是好的，人与人之间的关系是和睦的。东方文化正是看到了这点，因此说人之初性本善。人性中还有另外一种重要成分，即利己。人作为一种生命体，不利己就不能在复杂的自然世界中生存。由于利己具有明显的排他性，是各种丑陋行为的主要动因，因此被人们普遍认为恶。西方文化也正是看到了人性的这种成分，才说人性本恶。但作者以为，不管是社会依赖本能，还是利己本能都不是绝对的概念，它们在人本性中并不是两个泾渭分明的不同组成单元，而是相互掺杂，融合在一起的。单纯地讲社会依赖和利己这两种成分也不能简单地用善或恶来描述，它们都有产生善或恶行为的可能。例如，法西斯主义就在本民族内部强调人与人的相互依赖，强调个人利益服从社会整体利益；但是对外则强调本民族是最优秀的民族，其他民族都是劣等民族，表现出更大的利己——侵略。再如，利己可以产生自私行为，即我的利己行为妨碍了其他人正常的利己行为，也可以产生对自由、平等、公平、正义的追求。一般地讲，人性是中性的，社会组织得好，人向善的可能性就大，组织不好向恶的可能性就大。

换句话说，概念不是绝对的，就意味着概念都具有多种不同成分，而且这些不同的子成分也不是绝对的，它们之间是你中有我，我中有你的关系，我们称之为谱结构。当你用绝对真理世界观看世界时，就必然会采用排他性的选择法，认为一种成分是对的，其他成分都是错的，因为真理只有一个。其结果自然是以偏概全。由此看来，那些追求一致性、完备性的做法反倒是削足适履的荒唐行为了。

必须加以说明的是，不承认绝对真理并不代表反对一切对确定性的执着追求，相反还在一定程度上鼓励这种追求，只要这种追求不绝对排斥其他的选择。事实上，不承认绝对真理的世界观要比承认绝对真理的世界观更有利于人们对某种确定性的深度追究，因为不承认绝对真理的世界观视界更广，达至目标的选择更多。而且在现实生活中，对一些确定性不懈的追求本不是什么坏事，它可以不断改善人们的生活品质，不断提高我们对事物的认知水平。例如我们称道的工匠精神就是这样的范例，将一件事情做得比他人更精、更尖、更好，而且自得其乐又有什么不好的呢。但是对物可以这样，如对人这样的话，问题就大了，把人当做物来精心雕琢，其结果可想而知，出来的就不是人而是鬼了。在人与人之间追求一致性、完备性的结果，只能是从远到近不断地"杀人"，最后自己"自杀"。因为，你的今天和昨天也不是一致的。经历过文化大革命的人都有这样的体验，阶级斗争一开始针对的是资本家和地主，往后就是他们在党内的代言人，再往后就是自己的同志，然后是父母、老婆、孩子，最后是自己。在"狠斗私自一闪念"面前，什么生命都不能存在，更甚至什么事物也都不能存在。

回到几何学点定义的讨论上，我们应当怎样做才能：既避免用绝对概念误导学生，不利于他们树立正确的世界观；又能够把几何语言的美充分展现给大家呢？作者以为采取假设的形式比较好，即将定义改成假设。这样等于告诉学生，这样的表达体系是存在问题的，并没有它表面看上去那么亮丽，你们要有心理准备，在现实中要多留一些心眼儿，随时保持自己的想象空间。

第二节 所有的事物都模糊了

本节我们还是从点开始。讨论前我们先提一个问题，点可以计数吗？于是读者和作者之间产生了如下对话：

读者：你怎么提出这样一个很无聊的问题？

作者：在这种严肃的书里，问这样的问题一定是有原因的。请想一想，再回答。

读者：第一感觉是，可以计数。

作者：那数学点呢？

读者：也应当可以，例如一条直线有两个端点、两条交叉的直线有一个交点、三角形有三个顶点，不都说明点是可以计数的吗。

作者：长安街是一条直线吧，你给我指指看，哪个点是它的端点？长安街和西单大街相交吧，你给我指指看，哪个点是它们的交点？如果你嫌用街道比作直线太粗糙，这是一块很精致的三角板，你给我指指看，哪三个点是它的顶点？

读者：你是这么玩的呀！我说的端点、交点、顶点都是几何意义上的点。这个跳棋的玻璃球是不是一个点？它可不可数？可数是有条件的，要有形，有整体性，还要可以分辨。

作者随手拿出一张纸和几只笔，在纸上画了一条直线。问：这是一条几何意义上的直线吧，你给过我指指看，哪个点是它的端点？

读者：太粗了。

作者：这条细了吧。

读者：必须是无限细，我才能指认。

作者：无限细，别说我做不到，就是我做到了，你也看不到。

读者：只要你能做到，我就能看到，就能分辨。

作者：只要你能分辨，你就指认不了，哪个是真正的端点。

读者：我们现在从形而下扯到了形而上，我是说在形而下任何有整体性的东西都可以计数。

作者：将你手里的玻璃球不断地切小，什么时候算是形而下，什么时候算是形而上？

读者：只要能分辨，就算形而下。

作者：随着科学仪器的能力提高，我们的分辨能力也不断变化。

读者：是的，这说明形而下的领域扩展了。

作者：现在我来归纳一下你的观点，在形而下如果我们将一个具有整体性的事物视为一个点的话，点就是可以计数的。而且所谓的形而下的条件，会随我们分辨能力的提高而放宽。对不对？

读者：可以这样认为吧。

至此，读者和作者的对话结束。

这位读者的回答可能具有普遍的代表性，是一种以日常生活经验为依据的回答。看上去也没有什么错。

当然，我们也不能简单地以对和错来裁判。但这种回答却是典型的点看世界的回答，存在严重的缺陷。

首先，可以看出这位读者的潜意识是将概念视为具有清晰结构的整体。如点的概念、数的概念、分辨的概念、整体的概念等等。

其次，当作者故意将话题引入到形而下到形而上的过渡时，在这位读者的意识中，在形而下与形而上之间还是存在一个明显界限。

再有，这位读者对问题的回答态度是，问题可以用是和非、能和不能、对和错直接地回答。

站在不承认绝对真理世界观立场上，对待这个问题，因为我们心里清楚所有概念都不是绝对的，会多个心眼问一下对方的语境是什么，即你问点可不可数，具体指什么，点是什么意思，数又是什么意思等等。当然，在日常生活中对类似的问题，我们大多可以通过说话的场合，大致判断出语境，也不会产生太大的误解。读者那样回答，自然也不能说有多大的问题。否则，我们自己也太显得繁文缛节了，不像是在过日子。

但在本例中，随着问题的深入，读者潜意识中的缺陷就逐渐暴露出来了。不是我们较真，而是因为如果是在学术研究等严肃场合，这种缺陷就会导致致命的错误。

我们在用对和错、是和非、能和不能回答问题时，一定要给自己留有包容不确定性的余地，最好能在回答时附带弹性限制。较好的方式是让对方给出他的问题场景。如读者可以反问作者：你说的点是指数学的点，还是日常经验的点等等。等搞清楚后，再回答。

本问题所涉及的所有概念都不是绝对的，对此读者从本书之前的讨论中想必已经有所意识了。这里作者还要强调一下边界问题，就以形而下到形而上的过渡为例。

在这个问题上，那位读者可能存在两个潜意识缺陷：1、将一种概念作为判定另一种概念成立的标准。这样做不是完全不行，而是有可能产生误导，特别是在细微之处。我们假设一个场景：一杯黑墨水，一个圆锥形木头。现将圆锥形木头的细端插入墨水中，此时你分辨不了墨水下的物体。如果我们把墨水表面视为可分辨与不可分辨的分界线，则这个分界线相当于那位读者认为的形而下与形而上的分界线。按照读者的理解形而下与形而上，应当是截然不同的两种境界。但在不承认绝对真理世界观看来，它们既不是两个完全独立的概念，它们之间也没有绝对的界限。首先，我们不说墨水的表面是不是绝对薄的几何学表面。仅从墨水面以上圆锥的形状，我们是可以对墨水下它可能的形状进行猜测的，即这种猜测不是毫无根据的瞎猜，而是有我们在形而下的经验基础的。而且每种猜测的合理性是不同的，显然猜它是圆锥的继续延伸，要比猜什么也没有更加合理一些，或者可能性更大一些。这时在我们的脑海里可能浮现出把墨水换成清水的情况。当然，不同的人想象墨水下的图景可能很不一样，因为每个人的生活经验和想象力不同。这个例子提示了我们，任何关于形而上的思考，都带有在形而下的经验。或者说所谓的形而下和形而上的概念之间并没有绝对的界限。

实际上，不只是形而下和形而上的概念，其他所有的概念都是如此，概念都不是绝对的，概念与概念之间也没有绝对的分界线。

读者会产生一个问题，既然我们在形而上的思考都只能说是一种猜测，那你为什么说不承认绝对真理世界观要比承认绝对真理世界观更合理呢？还是借上面墨水和圆锥的例子，承认绝对真理世界观的实质是，认为墨水下圆锥延续只有一种可能；而不承认绝对真理世界观则认为有无限多可能。你们说哪种世界观更合理，更能符合我们在形而下的各种经验呢？也正因为如此，我们才说新世界观更有利于我们认知现实的世界，也更有利于我们创新思维，甚至创新知识。

当我们把任何一个事物不断细分，都会经历一个从形而下到形而上的模糊过程。我们将模糊以后的空间称为事物的微背景，读者也可以简单地把微背景想象为事物在"墨水以下的部分"。微背景在新世界观理论体系里是一个非常重要的概念，下节我们还将专门进行讨论，希望读者用心体会。

前面读者与作者对话的例子还告诉我们，每一种世界观都会形成与之相配的语言表达体系。特别是对于像承认绝对真理世界观这样一个已经统治了世界数千年的世界观来说，我们甚至可以认为当今的语言表达体系就是以它为基础建立起来的。这就导致绝大多数的普通老百姓虽然可能一生都未曾认真思考过所谓世界观问题，但在使用语言的过程中他们会不知不觉地就接受了绝对真理世界观，或受到其影响。

事实上，我们可以在日常生活中看到大量这样的例子，其中一类较为典型的例子就是在很多大学、中学，甚至电视台开展的辩论会或辩论节目。当你仔细梳理这些辩论中正、反双方的观点，你会发现它们各自都有其合理性，当然不排除有些合理性表现得更加明显，或被表达得更充分，对观众也更有说服力。如果你是将辩论作为一种锻炼语言表达能力的工具，这本无可厚非。但如果你是将辩论当成一种追求真理能力的训练，那就会出很大的问题了。事实上，很多辩论会的重点也的确是后者，甚至有些辩论会干脆打的就是真理越辩越明，真金不怕火炼的旗号。从而将辩论会办成一种典型的辩证法实践，即辩论是为了追求"绝对的精神"。而那些裁判者的心中更是有"一杆秤"的，他们大都采用一种简单的是非观，来对比赛的输赢进行裁判，结果自然是声调高的，语言蛊惑力更强的参赛者获胜。不得不说，这样的辩论训练会给我们的学生带来极为不良的后果，即向他们灌输绝对真理世界观，加大了他们日后行为偏激的可能性。

其实，在日常生活中当你在表达对一个问题的观点时，你会发现总有表达不到位，或表达不够充分的现象。特别是在很多细微的地方，比如表达一个概念与另一个概念区别的时候更是如此。作者自己在写作过程中也常常受这类问题的困扰，有时甚至感到无能为力。

对于早已习惯在现代主义语境进行表达的读者来说，作者自认存在语言窘境，可能让他们感到很吃惊。不用大惊小怪的，其实在不承认绝对真理的语境下，这才是一种常态，因为我们不能简单地用"什么是什么"来传递信息，或者说我们不能保证将自己的意思完整无误地告知你。这不是语言能力够不够的问题，也不是语言本身功能强不强的问题，而是事物的本来面貌就是如此的问题。事物会在细微的地方产生隐失现象，作为对事物描述的工具，语言当然也会产生相应的隐失现象。

所以，任何一场具有正常表达能力的人之间的辩论，在进行到一定程度后都会遇到一个双方观点交错融合的区间，这时你中有我，我中有你的特点就会逐渐明显起来。在作者看来，这其实意味着双方观点的妥协区间出现了，辩论者如果此时能够表现出智慧，他会抓住这个有利契机与对方主动实现妥协，寻求达成一个两全其美或曰双赢的结果，从而避免各持己见不欢而散的结局。由此看，辩论会的目的应当是在锻炼学生语言表达能力的同时，培养学生的智慧。

尽管隐失的概念很重要，但作者承认自己并不能将这个概念表达得足够清晰，以至可以让每一位读者都能够充分理解。这是因为隐失概念直接谈及的是概念不绝对的问题，当然它自己作为概念也不会是绝对的，也会出现隐失。为了帮助读者加深理解，作者还需要多举两个例子进行辅助说明。

我们回到第一章第一节关于毛粒子的讨论。毛泽东说：物质无限可分永无止境，真理可以无限接近，但永远无法达至。在此，我们提出一个问题：真理在客观上存在吗？这个问题当然是对承认绝对真理的人提出的，因为对作者来说答案早就给出了，不存在。那这不是多此一问吗，因为对承认绝对真理的人来说，答案也早就给出了呀，存在。不这么简单，因为对承认绝对真理的人来说，他们也可以选择不存在。就像毛泽东的回答一样，真理可以无限接近，但永远都无法到达。实际上毛泽东的这个回答已经否定了"真理客观存在"的回答，因为真理若客观是存在的，就说明物质不是无限可分的，物质可以分到头，而且这个头就是基本粒子。如此我们又会陷入永无止境的纠缠中，面临回答这个基本粒子有没有结构、有没有体积？等等后续追问。

所以只要承认物质无限可分，就意味承认绝对真理在客观上不存在。

那这不等于彻底否定了承认绝对真理的世界观了？

不对。因为关键还在于对"真理可以无限接近"的理解上。

在实际生活中，对相当一部承认绝对真理的人来说，他们并不真的认为绝对真理是客观存在的，而只认为真理是可以无限接近的。而在这点上，不承认绝对真理的世界观认为，所谓的真理并不是可以无限接近的，因为在所谓的接近的过程中，不确定因素会越来越强，最后在微背景条件下变得极度的模糊，那个所谓你要去接近的真理此时会离你越来越远。从这个讨论，读者可以加深对语言表达窘境的理解。我们对某一信息的表达，就如我们接近真理的过程，不存在必然的越来越接近真实的表达，因为你需要表达的对象本来就不是绝对的，它们都是确定性与不确定性共同的携带者，它们都有自己的微背景。

趁热打铁，我们再举一个例子。还是先问一个问题：

世界上最短的直线是什么？

容易想到的答案应当是两个点组成的直线，或再极端一点一个点。但显然，只要点是有体积的，那么任何由点组成的直线就不可能是最短的。因此不管前面的答案是一个点也好，还是两个点也好，问题又归结到点的大小上，即最短的直线到底有多短取决于点到底有多小。到头来还是同样的问题，物质无限可分，至于能分到什么程度，我们不知道，也不可能知道。或者干脆说长度这个概念，在极端状态下，变成了一个无法直接回答的问题。不仅是长度概念，实际上任何一个概念在极端状态下都会归结到点的定义上，即变得无法直接回答。原来清晰的、直观的、经验的、理性的问题，全部变成了模糊的、难以感知的、理性全无的状态。

例如精神这个概念，看上去与点概念风马牛不相及，但如果你回答，精神是什么？这个问题，也就是给精神下定义时，就会发现精神到最后也与点有直接密切的联系。因为，我们要给精神下定义，就要涉及人的大脑活动，涉及脑神经细胞的功能和它们之间的相互作用，涉及脑电波的产生，涉及细胞的组成结构，电波的物理性状等等，所有这些最后都还要归结到我们所说的微背景，直至点的讨论上。而一旦谈到点概念，一切的一切又都回到不能准确回答的情况。

我们将上述现象，即所有概念，或者说所有事物原本的确定性在微背景情况下均变得模糊不清，逐渐脱离我们的经验和理性所能解释的范畴的这种普遍现象称为"隐失"。

隐失不是消失，但又带有消失的含义，区别在于，隐失强调的是概念在微背景下逐渐模糊、分解、融化、不确定性增强等等意思，并不是完全变没有了。概念的所有有效成分在微背景下依然是存在的，只不过极其微弱了，并在复杂的物理、化学作用下，与其他因素更多地纠缠在一起，原本的相关性被极大地弱化了。

隐失与显现可以视为相对的词，这也是我们起名隐失的原因之一。概念在微背景下隐失，也会在微背景下显现。概念的显现不是概念的隐失简单的可逆过程，也不是一个简单的创新过程，显现会携带隐失的某些遗传信息。

事物的隐失与显现可以构成事物运动的循环过程，有些这样的循环过程的组织特征比较明显，即隐失的事物与显现的事物具有较强的相关性，典型的如生命体的繁衍过程，子女可以视为父母的显现，这中间遗传的特征就较为明显。有些这样的循环过程的组织特征不明显，或者说随机性较强。如一个新生儿的显现与不是父母的其他人的隐失的相关性就要弱很多。不只是生命体，其他如恒星的隐失与显现也都存在这种遗传的关联性。当然，所有的这种关联性都不是绝对的。

在引入了隐失概念后，我们对寿命、生、死等概念的认识也会随之发生变化。这些看上去仅对生命体有意义的概念实际上对所有事物也都具有意义，如果我们将事物的隐失视为旧意识中的死亡，将事物的显现视为旧意识中的诞生的话，我们会发现所谓的死亡不是绝对的死，生也不是绝对的生，它们也是互相关联，相互渗透的概念。事物的生和死都是隐失与显现循环中的片段。实际上，某些宗教的教义已经在利用这种认识了，或者说宗教所称的去世、今世、来世不是完全没有道理的胡说。当然，如果我们在这个问题上添加过多的确定性色彩，恐怕就难逃迷信之嫌了。

隐失和显现概念蕴藏着巨大的知识宝库，我们对这个领域的认识现今尚知之甚少。相信随着引入这对概念，必然会促使人们的脑洞大开，为我们创造，发掘出大量新知识。

第三节 微背景

在前面的讨论中，我们曾提到，在人的认知领域，我们习惯地将人类感知范围内的认知活动称为形而下学，意即对有形事物的认知活动。反之，将人类感知范围以外的认知活动称为形而上学，意即对我们感知能力以外的，我们尚看不到它们形状的事物的认知活动。当然所谓的形而上、形而下之间并没有绝对的界限，随着人类借助科学仪器的帮助，感知能力大幅提高，当今的形而下学已经深深地渗透到以前的形而上学范畴，特别是在微观领域。许多原本属于形而上的认识、猜想、推测、甚至是臆断的东西被放到形而下，直接面对验证。当然与之相应的形而上的认知体系也会随之被推翻、修改、创新。

如我们在前面内容中多次讨论到的，不仅在边界处，在它们领域的内部，所谓形而上学、形而下学本身也都不是绝对的，它们在各自阐述立场的过程中都要自觉不自觉地涉及到对方，即没有绝对的形而上，也没有绝对的形而下。例如，当讨论几何学点定义时，我们会自觉不自觉地将自己的思维联系到天上的星星、篮球、乒乓球、分子、原子、中子这些有形的具有点特征的物体。反之，当我们思考这些眼前的有形点被一步步缩小时，也自然会从有形向无形过渡。

在本节作者也来做一点形而上的学问，与现代主义的形而上有本质不同的是，我们不追求形而上的绝对确定，而是追求形而上的高度不确定性，同时不损害任何确定性的可能。这在承认绝对真理的世界观看来是绝对矛盾的，是不可思议的事情，但我们要说的是，这才是事物的本来面貌，才是可以理解的。关于悖论问题我们将在第三章中专门进行讨论，这里暂且放一放。

事物的形状产生于空间位置的相对稳定。这也是几何学能够成为描述事物状态的一种有效语言的原因。由此我们可以将所谓的形而下和形而上表述为：形而下指在人的感知能力范围内空间位置相对稳定的事物，形而上则相反。应当特别注意的是，点既是有形的构建者，也是无形的组成部分。关于这个问题我们需要引入大量的其他概念才能深入描述，这将是本丛书第二卷和第三卷的任务，此处暂不赘述。这就意味，虽然无形在我们的感知范围以外，但实际上它们直接参与了有形的组成，换句话说我们感知范围以内的东西，是由无形的东西组合而成的。例如，将一颗有形的钻石逐步地放大，我们会看到碳分子结构，看到围绕碳原子旋转的电子，看到电子的不规则运动，如果我们还能再放大，还可以进一步看到电子的结构等等，但这个放大过程必然会在进行到一定程度后受能力所限而无法进行，此时有形变为无形。这个放大过程就很好地说明了，钻石这种有形物质刨根问底是由无形物质产生的。由这个讨论，我们可以换一个角度体会之前讨论到的各种主义的认知错误，当人们将实或形，证或感知等概念绝对化以后，就必然导致对事物认知的偏差。

从广义的角度说，人能够体会微背景的存在，其他万物自然也能够体会，而且那些本身微小的事物，如电子、中子、夸克比人更能感受到微背景的存在，受到的影响也更大，正所谓"春江水暖鸭先知"。因此，我们说对微背景的体会是物物相通的，物的感受与我和你的感知又岂能简单地用有意义和无意义，有意识和无意识加以切割，人不是万物的尺度，人和万物的来去之处都是无形的微背景。

对普罗泰哥拉而言，他的名言有对的成分，万物和人都是微背景的"子女"，人和物没有本质的区别，人能感知，物也能感知。人在零度会感觉冷，水在零度会结冰。但普罗泰哥拉也有错的成分，因为人感到冷是与物感到冷是有关联的，人体中的水结冰，人的感觉也好不了。在这个问题上，我们既可以将人看作是有个性的物，也可以将物视为是有个性的人，只不过任何个性都是有条件的，是相对的不是绝对的。

对实证主义者而言，你们感知到的实在，论本质都是微背景的无数不确定性共同作用的结果，这些实在一旦放大到足够大，就都会隐失在"一片迷雾中"，变得既看不见也摸不着。

万物隐失在微背景中，又从微背景中显现，说明微背景具备诞生万物所要求的所有可能性，我们可以合理地将这种可能性视为所有确定性之母，而这种可能性之所以具有如此广阔的胸怀，正是因为微背景具有无限的不确定性。

无限的不确定性孕育了无限的可能性，无限的可能性孕育了无限的确定性，而无限的确定性背后又隐藏着无限的不确定性，这就是所谓的宇宙循环。在这个循环往复的过程中，旧事物不断隐失，同时在微背景中留下了自己的印记或曰遗传基因；新事物不断显现，大量创造着新的遗传基因。这里没有绝对真理的空间。

作者部分赞同暗物质的提法，赞同的原因是暗物质的提法与作者提出的微背景具有相通之处，同时有所保留的原因是，作者不认同将暗物质与明物质视为有着本质不同的两种物质类型。作者以为暗物质应当是微背景的组成部分，它实际上作用于所有明物质，是明物质不分割的组成部分。暗物质之所以"暗"是因为人类的感知能力尚不能分辨它们。暗物质又不等同于我们这里讨论的微背景概念，微背景还包括了更多更暗的物质，暗物质可以说是微背景中，靠近明物质的上层部分，即有形与无形交叉的区域，处于似隐似现状态的微小物质。

实际上，微背景虽有一个微字，但它的空间尺度是无边无际，无处不在的，包括万物的体内。而我们看上去宏大的明物质的宇宙空间反倒只是它的微小结构，临时的过客。如果我们将明物质的宇宙与微背景比作船与大海的关系，恐怕不嫌夸大，只嫌不足，因为微背景岂是大海能比，它根本不能用大来形容，而我们有形的宇宙在它面前也不是可以用小船来形容的，因为从比例上说它还不足够小。

微背景虽然在我们的感知能力以外，但可以从我们能够感知的万物了解它的一些基本秉性。首先，它包容了除了绝对以外的所有可能性。反过来说，微背景中不存在各种各样的绝对，如微背景不可能是绝对均匀的、微背景不可能是绝对线性的、微背景不可能是绝对静止的、微背景不可能是完备的、微背景不可能是一致的、微背景不可能是不可知的、微背景不可能是同时可知的等等。举例解释，我们说微背景不可能是不可知的指，鉴于微背景实质上就是我们和其他所有的明物质的组织者，我们在感知明物质的同时也就等于在感知微背景，尽管在任何时候只有部分微物质参与了对我们的组织行为，但微物质之间普遍存在着的相互关联性决定了，我们可以通过对部分微物质的感知间接地获得其他微物质的信息。当然，这种感知能否给我们带来对微物质直接的认知，还取决于我们能否从自己感知到的信息中分辨出有关微物质的相关成分，但不管怎么说这种可能性是永远存在的。

对于我们这些生活在明世界的人类来说，这个宇宙实在是太大了，看天空星光灿烂、银河闪烁、日月交替广阔深邃；看眼前风起雨来、海波浩瀚、地壳翻卷蔚为壮观。但在微背景看来这些仅是一个小小局部中的微小变化，根本不足挂齿。

微背景中的气象可要宏大得多了，因为那些风风雨雨已经不能用明世界的尺度去度量了。也许那些吞噬恒星的黑洞只是微背景中一条小溪里的一个小小旋流，也许一些人眼中最大的事件所谓"宇宙大爆炸"只是微背景中一个小泡泡的破裂。

虽然我们尚不能真切感知微背景的存在，但它却是与我们联系最紧密的伙伴，它每时每刻都在与我们身体的每一个部分进行着交流，影响着我们的行为，甚至决定着我们的寿命。在微背景面前，人类应当收起尺度万物之心，因为作为万物真正的父母，微背景不仅可以，甚至已经创造出了更为聪明的生命。

　　从个体的细微程度推论，微背景应当比明物质要敏感得多，小小扰动都会引发巨大的波澜，传递的距离也会非常遥远，甚至跨越星际。在微背景作用下，作者认为明宇宙的生命现象应当在所有适合生命产生地方随机产生。我们甚至不排除生命的遗传信息以某种非生命的形式在微背景中传播，即以不受寿命、生存条件限制的方式传播。因为在我们看来，所谓的生命和非生命之间本来就没有绝对的界限。

　　不仅明宇宙中的生命现象，我们人类社会产生的所有其他概念在微背景中都会有所反映，只不过更加碎片化而已。例如，在我们形而下的领域里有化学、物理学、生物学、医学等等，在微背景中也必然存在相应的领域，而且涉及面更广，跨越度更高，变化更丰富。前些时候，阿法狗成功地打败了人类顶尖围棋高手引起了社会轰动。由于阿法狗可以自动学习，在一天之内所完成的学习任务超过一个人几辈子的量，因此它进步很快。但这类的自动学习现象在微背景中却是极为普遍的现象，任何一个微粒子都会毕生地去学习，去跟所有能遇到的事物接触，尝试所有可能的结果。作者不太赞同有些媒体在报道阿法狗自动学习时使用自主一词，自动和自主的差异还是比较大的，自主学习有很强的脱离人的操控意味，而自动学习则更像自动机器人的概念。作者认为比之阿法狗，微粒子的自主学习的成分可能更强一些。想一想吧，无数的微粒子都在"勤奋"地学习，就算其中绝大多数都是在简单地重复，它们每时每刻所创造的新可能性也是无法计数的。

几乎可以肯定的是，我们当今面临的所有高精尖技术问题都有众多的微解决方案。如：材料的强度、韧性、耐高温、耐腐蚀；集成电路的精细化、散热性；发动机的推重比的提高、火箭燃料的燃烧效率；各种科学仪器的灵敏度；各种疾病的治疗和预防；甚至人的寿命的提高等等，凡是你能想到的各个领域中的各种难题，在微背景中都存在无数的解决方案。想想看，我们的明宇宙只是它的一个破碎的小泡泡，那这些在我们看来的困难又算的了什么呢，在微背景中只有不想、不敢想、想不到的事情，没有不可能的事情，科学技术永远没有止境。对了，有必要顺便提醒一下，虽然微背景的想象空间无限大，但依然没有绝对的位置，永动机在明宇宙中是不可能实现的，在微背景中也是不可能实现的。

　　不绝对的想象空间永远比绝对的想象空间大得多，其中的道理在我们提出了微背景、隐失、显现的概念后，相信读者会深有体会了，绝对的点当然要比不绝对的微背景狭隘得太多太多了。放飞你们的想象吧，微背景任你驰骋。

第四节 从实、验之误，到实验之误

实验是一个在现代主义语境下被高度污染的概念。对这句话相信多数读者会有耸人听闻的感觉，他们认为实验一词在生活和工作中经常使用，并没有感到什么特别不对的地方。

翻开《现代汉语词典》第1235页对实验的诠释为：①（动）为了检验某种科学理论或假设而进行某种操作或从事某种活动。②（名）指实验的工作：做实验｜科学实验。对与实验相关的另一个词试验，《现代汉语词典》第1248页的诠释为：（动）①为了察看某事的结果或某物的性能而从事某种活动：试验新机器｜新办法试验后推广。②旧时指考试。实验和试验似乎从字面上就能区别它们的含义：实验强调的是坐实的意味，例如通过实验来验证某一理论的正确与否；而试验则更偏重于试一试的味道，例如通过试验田的试种，看一看不同植物种子的实际效果。大家在生活和工作中也都是这样用的，并未见到什么不妥的地方。那作者为什么说实验是一个被现代主义语境严重污染的概念呢？关键在于对"实"的理解，实等于确定吗？换句话说，凡经实验验证的理论就一定是正确的吗？显然在现代主义语境下，实验就等于证实，即经过实验验证的理论就一定是千真万确的，因此才有一个被普遍认同的说法，"科学是建立在实验的基础之上的"。

但是在作者看来，实验并不等于证实，在几乎所有场合实验与试验是可以相通的，即任何看上去很确定的实验结果都包含了不确定因素。实验可以验证某一理论在一定条件下适用与否，但不能也不可能作为证明该理论正确与否的绝对标准。一句话，任何的"实"中都有虚；任何的"验"中都有非验的成分。

在此首先要回答一个问题：

我们眼中的实物是绝对实的吗？

如果你的回答是，绝对实的。那么你就必须接受一连串有关事物组成的追问，最后面临物质是否无限可分这个问题的终极挑战。而对这个终极问题，最为有利于你的回答就是毛泽东或庄子的观点：物质无限可分，但永远分不完。既然永远分不完，那就意味着物质的"实"是一个永远在"路上"的过程，你在当前看到的实物都还不是绝对的实，而且永远都不会成为绝对的实。这等于否定了你之前的回答。

如果你的回答是，我们看到的所有实物都不是绝对的实。那么基于此回答，所有的实验就不等于绝对的证实。注意，这里我们说实验不等于绝对的证实，并不否定实验具有证实的意义，而只是说这种证实不是绝对的。换句话说，实验可以作为检验某一理论是否成立的依据，但这种检验是有条件的，即在满足了这些条件下，被检验的理论才是成立的。道理很简单，因为实在任何情况下都不是绝对的。

同样地，对验，即我们通常所称的经验来说也是如此。如俗话所说，一个人的一生不可能跨过同样一条河流，一个人的一生也不可能经历同样的经验，验不可能是绝对的。

因此，在实际研究中我们更倾向于用试验代替实验，鼓励更多地使用试验一词，而不是实验。因为试验的试字可以更加鲜明地表示，使用者清醒地意识到"实"不是绝对的。从实验和实验一词的现实使用情况看，情况恰恰相反，人们更偏向于使用实验而不是试验。下面举两个近期的例子，作为印证。

最近几年，由袁隆平院士领导的团队继杂交水稻高产不断取得突破后，在海水稻领域又取得了突破，分别在山东即墨、青岛和阿联酋的迪拜进行了小规模试种，获得了亩产396公斤、620公斤和500公斤的好成绩。首先对袁隆平院士领导的团队取得的成绩表示衷心的祝贺，他们的工作无疑为人类的粮食安全作出了极大的贡献。但在这里我们更关心的是实验和试验的使用问题。良种的试验，即便在现代主义语境下也应当是一个尝试意味更重的场景，例如《现代汉语词典》也将"试验田"作为标准列句。因为，良种的选育是一个更偏重于经验的过程，中间虽有理性研究成果的参与，但不像一些物理、化学的试验具有那么明显的理论预期性，因此良种的试种过程有更强的"试一试"的意味，通过不断地试验来进行筛选。我们不否认，在试验田中的试种也存在一定的证实过程，但这种证实从理性的角度看更多的是一种可能性的实现。总之，在此应用场景，强调的是试。但在中国媒体对海水稻试验的相关报道中，我们看到了大量实验、实验田的使用情况。虽然我们无法考证这些报道使用实验代替试验具体的原因是什么，但作者担心的是，它是现代主义对我们的语言环境污染加重的一个信号。

也许有读者会说，你大惊小怪了，人们在使用过程中即便更多地选择实验而不是试验，也并不代表使用者受现代主义影响更加严重了。而且实验和试验在不承认绝对真理的语境下也是可以相互替代的。作者当然希望自己是杞人忧天，但还是宁可多一分警惕，后面的例子可能更能说明问题。

下面这个例子与近期广受关注的量子通讯有关。我们知道量子通讯是建立在一种量子纠缠现象基础上的。这种量子纠缠现象表现为：无论两个粒子相隔多远，只要没有外界干扰，则这两个粒子的状态具有高度的相关性。爱因斯坦一直对这种现象持异议态度，因为它违反了所谓的"定域性"原理，即任何空间上相互影响的速度都不能超过光速。为了裁判量子力学与定域性原理的对错，物理学家贝尔建立了一个不等式作为判定的依据：如果实验结果符合贝尔不等式意味定域性原理正确，否则量子力学正确。随后的大量实验结果都违反了贝尔不等式，按照贝尔的理解应当裁判量子力学是对的。虽然，其间支持爱因斯坦一方不断对这些实验挑毛病，推迟了所谓的最终"判决"。但在2015年，荷兰物理学家做出了最新的"无漏洞贝尔不等式测量实验"后，异议者再也没有提出新的"上诉"请求，似乎表明这一重大争论终于尘埃落定。这个例子充分显示了实验在现代主义语境下的绝对权威作用，它可以决定一个理论的正确与否。

但作者对有关贝尔不等式的实验有完全不同的理解。作者关心的焦点不是这项实验究竟存在多少漏洞，如测量漏洞、局域性漏洞、自由意识漏洞……，因为作者根本就不相信任何实验可以是"无漏洞"的实验。作者甚至也不太在乎最终谁是胜利者，因为作者认为它们都不是也不可能是完美的理论：对相对论而言，作者既不承认光速是常数，也不接受光速是最快速度的约束；对量子力学而言，作者同样不承认存在所谓的普朗克常数，也不接受量子力学中的所有等式。当然，这并不等于作者不承认与这些理论相关的物理学家所做出的贡献，只是认为他们给人类带来的认知进步仅仅是阶段性的有条件的，而不是绝对真理，即由他们所建立起来的所谓物理等式，都应当是约等式。因此，他们的理论不能简单地用谁对谁错来评判，或者说他们都有对的地方，或适用的领域，也都有错的地方，或不适用的领域。即便在它们适用的领域，它们也不是绝对适用，适用的背后仍存在不确定性；同样在它们不适用的领域，它们也不是绝对的不适用，不适用的背后存在着某种适用性。

当然，作者也并不否认与贝尔不等式相关的实验具有积极的意义，就像作者不否认袁隆平院士带领的团队试验海水稻的积极意义一样。作者想要强调的是，上述实验其实只是一个试验，它的意义仅在于说明了量子力学这颗"种子"更适于在量子纠缠环境下"生长"而已。

实验否定了定域性原理的完备性，并不等于证实了量子力学的完备性，如作者在之前的讨论中所论述的，任何绝对概念都不可能是完备的，在下一章作者还将用整整一节更为详尽地讨论这个问题。作者认为早晚有一天，后辈科学家会通过大量试验证明量子力学也是不完备的。

作者指出爱因斯坦、普朗克、薛定谔、波尔、贝尔、汉森等大科学家研究的缺陷，并不是否认他们的功绩，也不是不承认他们伟大，而仅仅是说他们不是神，他们的理论也不是绝对真理。作者这样做，更不是为了抬高自己，而仅仅是为了让读者有朝一日能够超越他们。而且作者有充分的理由相信，你们比这些科学前辈具有更为有利的条件，因为你们可能更少受到绝对思维的羁绊，你们更加开放，思想更自由。其实，通过前面的讨论，已经提示了我们很多今后可以获得重大突破的研究领域，如：破解量子通讯绝对安全神话的方法，切入点可选择粒子的个性化研究，即把粒子视为像人一样的个体，它们都有自己不同于其他个体的特征；证明量子力学不完备，切入点可选择求证普朗克常数并非真正的常数等等。总之，作为后辈研究者，你们要自觉地把之前的理论当做不完备的理论来看待，把那些等式统统当成约等式认识，尽量少受它们的束缚，大胆进行试验，你们完全可以比前辈更加伟大，届时你们会发现这种伟大其实也并没有当初想象的那么"神"，就是思想勤奋、努力坚持的结果而已。

如果说实验即证实是承认绝对真理世界观的一种必然的思维逻辑，那么实验并非证实就是不承认绝对真理世界观的一种必然的思维逻辑。因为，既然不存在绝对真理，那么我们就不能也不可能设计出绝对的实验，并以此来评判其他事物的绝对与否。这并非说实验没有证实的成分，否定实验对客观规律的揭示作用，而是说实验所表现出来的客观实在性不是绝对的，其背后仍存在着无限的不确定性，即便在实验所设计的条件下也是如此。用我们日常通俗的话说，万物都不是绝对的实在，任何实验本身当然也不是绝对的实在，在这场"运动中"，实验自己也是"运动员"，它虽然可以根据自己的运动水平来评价其他运动员的水平，但它是没有资格充当绝对是非的裁判的。

前面两个例子涉及的都是重大科研问题，从中我们看到现代主义语境对所谓精英群体的影响都如此严重，可想而知它在大众日常生活领域造成的"污染"就更加严重，范围也更广。例子可以说比比皆是，如：经科学家实验证明，某某饮食结构最有利于健康；某某研究机构实验证明，某种食物的某种成分防癌或致癌；研究证明，人每天要喝多少升的水、摄入少多克的某种物质、保证多长时间高质量睡眠；研究证明，某某物质能够防止心血管老化；学者实验证明，某种教育孩子的方法最有利于孩子的成长等等。作者不是说所有这类的实验没有意义，而是想指出，所有这样的表达都存在误导成分，甚至是有害的。任何实验都能说明一些问题，但任何实验都不是绝对的，都是有条件的，而且都是利与害相互伴随的。如果在表述上不加以限制，它产生的副作用可能更大。特别是这类实验经常被一些别有用心的人加以利用，推销他们的产品，实现自己的私利。如果说上述这些例子，普通人还可以通过自己亲身试验加以辨别的话，那么下面的例子则使普通人难以防范，而且会在喜闻乐见的享受中潜移默化地受到现代主义语境的污染。

这里仅举两个较为典型的例子加以剖析。中央电视台第二频道经济台有一个较受观众欢迎的节目"是真的吗？"。节目的形式是，通过观众或网上提供的一些小实验，来证实某件事是真的还是假的。实验前先让两位通常是演员的嘉宾来猜，将要被证明的事情是真的还是假的，实验后猜错的嘉宾会受到"喷雾加椅子倾倒"的惩罚，以娱乐观众。应当肯定的是该节目的设计很新颖，用心也很好，寓教于乐。但这栏节目的瑕疵也很明显，即在细微之处，娱乐享受之中自觉不自觉地普及了现代主义的逻辑思维方式，非真即假。读者可能会嘲笑作者的吹毛求疵，认为没有几个观众会把这些小实验当做真正的证实，也不会将所谓的真真假假视为绝对，如果把节目搞得太严肃，会大大降低娱乐性，失去大量的观众。不是作者故意小题大做，搬弄是非，或者也可以说作者是刻意地选择了这个看似很平常的例子，因为相对于前面我们与各种主义之间的大砍大杀，这些小实验看似不足挂齿，但却可以说明现代主义语境无处不在。必须郑重指出的是，千万不要小看这些貌似微不足道的地方，我们的年轻人正是通过大量存在于课堂上老师的谆谆教诲，家庭里父母的循循善诱中的类似小细节逐渐地树立起自己的不良世界观的，这些小细节会积累成大毛病，给我们的年轻人日后的学习、生活、研究造成大麻烦。可以说很多人表现出来的反叛、偏执、极端行为都是这种毛病的体现。

再举一个类似的例子，江苏电视台有一个非常热的节目叫"最强大脑"，作者也是该节目的忠实观众，只要有时间必看。作者一面赞叹、欣赏表演者在记忆、计算、辨听等方面所展现出来的超强能力；另一面也感到深深的忧虑，这台节目很可能会误导我们的年轻人，将主要注意力集中在对事物的确定性认知上，甚至简单地把思想理解为技能，从而忽略了我们对事物不确定性一面的认知。实际上在很多方面对不确定性的认知才是人类大脑的优势和重点所在。例如，如果单讲记忆、计算、辨听等等功能，人脑甚至不如某些其他动物，更不如机器。但对于不确定性的认知能力，动物和机器显然不如人脑，人类的很多创新成果，更多地取决于人脑对不确定性认知的能力，而不是确定性思维的能力，或更贴切地说是这两种能力共同作用的结果。我们将人脑的这两种能力分别用智商和情商来概括，对这两方面能力强的人分别用聪明和智慧来形容，在正常思维中通常两种能力是共同作用的，缺一不可。如果一个人的上述两种能力中的一种明显偏弱，就会呈现出某种病态，如有一种叫"科学奇才症"的病，得这种病的人确定性思维的能力极强，但与人沟通的能力极弱，甚至难以在社会中正常生活。关于这个话题，作者将在本丛书后卷中辟专节加以讨论。

长期以来，在现代主义的语境下，人们普遍更强调确定性思维。所谓确定性思维概括起来就是：以简单的是非来认知事物，以简单的对错来解析社会，以单纯地强调更快、更强、更精来改造世界，这在很多场景下也没有错，因为万物都有确定性的一面。但这种思维模式肯定是片面的，因为万物在具有确定性的同时还具有不确定性，所有确定性的背后都存在着不确定性。

首先，在科学研究过程中确定性思维很容易将实验结果简单地视为证实，一旦一个研究者相信某一事物被证实了，其结果往往伴随的是大规模"种族屠杀"，所有其他的"不实"就会遭受灭顶之灾，哪怕这些不实并不是真的不实，而仅仅是尚未得到证实的不实。因为在绝对真理世界观指导下，实在具有本能的排他性，一个针尖上只能有一个天使在跳舞。这也是确定性思维带给我们的最大危害。实际上，任何的实在和其他的实在是同时存在的，好比颜色，红是一种实在，但它是其他颜色的实在共同作用的结果，而且是有条件的，即在我们的感知范围内是红色，在其他动物的感知范围内可能不是红色。

另外，对实验结果的迷信还会大大地阻止人们继续探索该真实性背后其他的确定性。可悲的是，在现代主义语境下很多时候你受的教育越系统，这种危害反而越大。最可悲的可能是当代中国的孩子们，因为他们接受的教育一直是排他的唯物主义教育，而且非常系统，从中学到大学每个人都被反复教育，因此他们有较大的几率对所谓的真实性更加地迷信，因此也更加难以产生创新思维。

第三章 解构绝对真理世界观

第一节 为什么哲学总是这么晦涩？

像现代主义一样，人们对后现代主义有很多不同的解释，在本书中作者将其理解为：对承认绝对真理的现代主义的反思，它试图破解现代主义所面临的种种困惑，同时构建一种新的理论体系取而代之。上个世纪的中后期，后现代主义思潮曾风靡一时，但近来似乎又有所消沉，作者以为主要原因是，虽然看上去后现代的思想点遍布认知领域的所有犄角旮旯，但远没有形成自己的理论体系，相对于现代主义缺少核心竞争力。而这个核心竞争力就是不承认绝对真理世界观的理论体系。由于没有自己的体系，后现代思想大都表现为各自为战，甚至内部之间自相残杀，形成不了合力，难以抗衡现代主义这个有千年修行的老妖。更为关键的是，没有自己的理论体系，很难向广大民众推广，不断扩大自己的影响。例如，解构和建构是后现代主义思潮中的两个常见词，按照作者理解所谓解构指，破解现代主义理论体系的缺陷；而建构指，构建自己的新理论体系。在作者看来，现代主义理论体系的根本缺陷就是承认绝对真理的世界观，如果不能在这个问题上对现代主义发起强有力的挑战，则解构就难以彻底。同样如果不能构建自己的不承认绝对真理的理论体系，则建构也就难以完成。而在后现代主义思潮中，真正旗帜鲜明地反对绝对真理世界观的思想，仅占很少成分，更多的表现为对现代主义的怀疑和修正。这就导致一些后现代主义观点在破解了某一个现代主义缺陷后，自己又陷入了新的困惑中，缺少说服力。本章和下章我们将借助后现代主义的解构和建构概念，直接从不承认绝对真理世界观出发，向读者展现解构的威力和建构的魅力。

大凡认真读过经典哲学书籍的朋友，会有一个共同的感受，比起读小说要晦涩得多得多，而且越经典、越被学界尊崇的哲学大家的著作越难懂；越是传播广泛，影响巨大的名句越难懂。反过来，越是难懂的东西，越是唬人，也越会成为炫耀者的口头谈，越容易成为一种标榜"智慧"的时髦。

那么是什么原因使得哲学著作非常难懂呢？是因为作为这些哲学大家理论体系的核心概念都不完美，它们自身都不是绝对的。如果读者本身也是承认绝对真理的，就不会怀疑这些概念的绝对性，则必然会在这些概念的误导下陷入一种说不清楚，想不明白的境地。因为你的针尖要和他的针尖完全对起来谈何容易，况且不管是你的针尖还是他的针尖还永远处于晃动的状态。但如果读者本身不承认绝对真理，就自然会对这些核心概念提出异议，进而找出主义的缺陷，走出困扰。

例如，唯物主义与唯心主义是现代主义方法论的两大对立阵营。首先，它们的共同点都是承认绝对真理的，表明它们都承认概念可以是绝对的，即都认为物质与精神，实在与意识，主观与客观等概念之间存在明确的分界。然而事实是所有这些概念都不是绝对的，虽然在一定区间它们的区别是明显的，但在细微之处它们的区别就会变得非常模糊，你中有我，我中有你的特征就会渐渐明显地表现出来，使你根本无法区别，因此在这些地方不同主义的争论就开始了。例如，人和猪从整体上看是两个完全不同，可以明显区别的概念。假设我们用人主义和猪主义代表现代主义中的两个主要分支，如唯物主义和唯心主义。在通常的日常生活领域，我们说：这是人，那是猪。不会产生争议。但我们从更广义的生命层面进行讨论的时候，人和猪概念的差异就会变得模糊起来，再进入到微粒子层面讨论时人和猪这种宏观概念的区别就已经模糊到无法区分了。这时候人主义和猪主义的分歧就开始出现了，人主义说这个碳分子是属于我的，猪主义说那个钙分子是属于我的，两者都对，但也都不对。而且在对与不对之间也没有绝对的界限，两者不能也不可能争出个谁对谁不对来。明智的做法是人主义与猪主义在此产生妥协，放弃争论。但妥协从绝对真理世界观立场上说是不允许的，因为最终的结论只有一个，那就是真理。

上述道理对唯物主义和唯心主义的争论是一样的，从我们日常生活的角度看物质和精神是两个完全不同的概念，物质实实在在，看得见摸得着，而精神虚无缥缈，看不见也摸不着。但当我们从细微粒子层面去观察时，就会发现原本清晰的所谓物质变得模糊了，而原来模糊的精神反而变得有迹可循了，它不过是微粒子的互动结果。在这个层面上看，物质和精神这两个原本差异巨大的概念变得完全难以区分了。就像我们在前面争论：这个碳分子是属于人的，那个钙分子是属于猪的，此时如果我们争论这个电子是属于物质的，那个电子是属于精神的，同样没有意义。因为在这个层面上物质和精神都处于隐失或显现状态，或者说它们已经没有当初意义上的区别了。但是，作为信奉绝对真理的主义们来说，争论是不能停止的，它们各自必须将自己的理念贯彻到底。它们必须要通过更细的划分和更精确的描述来实现对真理的追求。而它们的这一努力过程对广大的入魔不深的人来说就变得越来越难以理解了。作为参与争论的各方来说，此时的状态好似身处一个漆黑的战场，挥舞着三节棍一顿乱打，既打敌人也打自己人。实际上通过我们在前一章的讨论，不难发现所谓的唯物主义也是唯心的，而所谓唯心主义也是唯物的。如原子论想当然地将原子构想为不可再分的粒子是唯物的还是唯心的你说不清楚。同样对元数学来讲，认为数学能说明一切是唯心的还是唯物的你也说不清楚。

前面我们说过，按照现代主义思维模式，一个针尖上只能有一个天使跳舞，这个天使就是所谓的真理。但我们面对的实际情况永远是，在任何重大理论争论中，针尖上总是有很多天使在跳舞，即我们在之前的讨论中所指出的，围绕所谓的核心观点总是出现"分蘖"现象，甚至还会出现截然不同的认识。出现这种情况只能说明，承认绝对真理的世界观是错的。

例如，铅球是一种有关体育运动的概念，它被用作投掷工具。我们就以此为例，分析一下能不能给铅球下一个绝对的定义，或者说建立铅球的绝对的概念。首先，为了保证体育比赛的公平性，我们必须对铅球的形状、大小、重量、材质、加工度、表面摩擦度等等做出一系列具体规定。也就是说，要保证铅球概念的绝对，你就要保证限定条件可以是绝对的。而且，不仅是一个条件绝对，还要求所有条件都绝对。比如，假定重量是绝对的（作者是说假定，因为真实的重量绝对是不存在的），并不能保证铅球的概念绝对，你还必须保证大小、材质等等其他条件也同时是绝对的。显然，这是不可能的，因为牵扯来牵扯去，最后会关联到所有其他事物都绝对。那么我们可不可以规定一个合理范围来定义铅球的概念呢？同样不行，因为你还是避免不了其他概念的介入，如什么叫合理，合理的边界在哪里等等。例如你能绝对地界定铅球和钢珠之间的绝对界限在哪里吗，当然不行。所以，概念的绝对是不可能通过定义获得的，也是不可能被证明的，那些所谓的概念绝对都是人们想当然的认识。这也是所有高大尚的哲学著作都晦涩难懂的根本原因。哲学家们基于某些概念的绝对阐述他们的理论时，在这些概念与其他概念关联细微的地方，实际情况是你中有我，我中有你的模糊状态，而他们出于对绝对的信仰仍然会使用什么是什么的表达方式，这时实际的情景早已处在你中有我，我只要你的模糊状态。因此哲学家们在说东时，读者可能理解的是西。而且这时读者的理解往往也是有道理的，甚至比哲学家的理解更有理性，进而读者就会感到哲学家的表达很晦涩，自己的理解总与哲学家的表达对不上号。其实这种晦涩感在很多情况下并不是读者理解能力低造成的，而是概念自身的谱结构造成的，是哲学家企图将本不绝对的概念表达为绝对的概念这种错误造成的。当然，你也可以说晦涩感产生的更直接的原因是，这些哲学家自己也不能分辨清楚和表达清楚想说的内容。或者说在细微背景下，任何语言表达的功能本身就已经变得模糊了，难以实现传递信息的作用。

还是以给铅球下定义为例。现假设有三个人聚在一起讨论有关铅球的绝对定义问题。这意味他们三个人都承认绝对真理，否则他们不会发起这类讨论。

首先，三人应当就铅球的作用问题进行讨论，大家很快对此达成了共识，即投掷铅球是一项体育竞赛运动。其中虽也有争议但分歧不大，毕竟这是一个相对宽泛的表述。接着大家开始讨论关于铅球的具体标准问题。其中一个人首先发言说，既然是体育竞赛，就应当体现公平的原则。对此大家似乎也没有什么异议。但当接下来讨论怎样体现公平的时候，大家开始产生分歧：一个人说不同体重的人投掷同样重量的铅球是不公平的，应当根据不同的体重使用不同重量的球；另一个人则说，不同高度的人投掷同样重量的球是不公平的，应当根据不同的高度使用不同重量的球；剩下一个人则说，对不同手掌大小的人来说，使用相同大小的球显然是不公平的，应当按照不同手掌的大小使用不同的球。三个人根据自己的观点都提出了一整套理论予以呼应。我们暂且称之为体重主义、身高主义、手掌主义。再接下来的情况也不用作者更多描述了，肯定是公说公有理婆说婆有理。而且只要三人不放弃绝对观念，这样的争论是一个永无止境的过程。在这个例子中，三个人对公平的理解产生分歧，而且各有各的道理，就是一个典型的分蘖现象。而造成分蘖的根本原因是公平这个概念本身不是也不可能是绝对的。回到关于铅球的定义问题，在围绕这个定义的所有概念，如体育、竞赛、公平、投掷等等，都不是绝对的情况下，我们当然也不可能给铅球下一个绝对的定义。

其实西方哲学中的所有核心概念也都如此。围绕这些概念产生的不同主义，其实就是不同场景下的体重主义、身高主义、手掌主义罢了，没有它们表面看上去的那么高贵、神圣。我们作为这些主义的读者、旁观者不懂它们在争什么，不理解它们的所谓真实意思，在很大程度上不是我们比那些争论者更笨、更缺乏理解力，而是那些争论者在一些问题上比我们更加糊涂。

读者请记住这句话：晦涩难懂的东西一定不是具有普遍意义的道理，一定是犄角旮旯里的东西。即便你承认绝对真理，晦涩难懂也不符合你的逻辑，因为按照逻辑树的示意，越接近绝对，应该越轻松易懂。

现实中，只要仔细分析那些哲学大家的著作，我们可以发现他们自己都解释不清自己的观点，或者说在他们自己的解释中普遍存在自相矛盾和指鹿为马的地方，即出现悖论和不完备的问题，无一例外。注意，作者是说无一例外。为什么敢这样说，就因为他们的世界观不对。关于悖论和不完备问题我们将在后两节中还要专门讨论，届时读者会有更深的体会。总之，任何想在针尖上跳独舞的"天使"，都坚持不了多久，最终都会"累"趴下的。

关于这个话题有很多故事。维特根斯坦可以说是近代一个非常著名的西方哲学家，也是一个极端分裂的能在"牛角尖"里不断向前掘进的天才，曾吸粉无数。他一度认为自己已经彻底解决了哲学问题，即找到了绝对真理。但很快一拍脑袋发现自己错了，拍脑袋是他的一个经典动作，每当他拍脑袋的时候，他的学生就预感这个天才的灵感来了，一句惊天之语就可以期待了。维特根斯坦在他第一部著作《逻辑哲学论》中有两句很著名的话，第一句是：我们能说的一切都可被清楚地言说。第二句是：我们不能说不可言说的真理，但是它们存在。我们先分析第一句话，首先从这句话可以明确看出维特根斯坦是承认绝对真理的，在此前提下这句话起码是符合逻辑的。其次，他为自己的观点下了一个注脚，即我言说的所有东西都是清楚无误的，不应产生误解。如果你们不理解只能说明自己笨，而不应责怪我表达不清。正是基于这样的自信，维特根斯坦几乎将同时代的其他知名哲学家、思想家、科学家骂了个遍，其中包括罗素。作者为什么单提罗素呢？因为维特根斯坦与罗素有着特殊关系，不仅他的出道曾受到罗素的影响，而且在他的著作《逻辑哲学论》出版无门时，是罗素帮他写了序才有出版商看在罗素的名气上同意出版。但维特根斯坦对此的回应是一封极其傲慢自大的信，其中一句写到："显然，你的英语文体的一切优雅都在翻译中失去了，留下的只有肤浅和误解。"明着是骂翻译，实则是骂罗素根本不理解他的观点。问题不在这里，因为我们不能排除一个天才比其他天才更天才的可能，而在于维特根斯坦本人是一个朝三暮四的人，同样的事情可以从不同角度翻来覆去地改变，而且意思很不同，甚至相反。维特根斯坦的一生也大致分为早期和后期两个很矛盾的阶段，早期的他致力于单一的语言逻辑替代，后期他更倾向于多元的或破碎化的语言逻辑。在作者看来后期的他很有些后现代主义的味道了，或者说是弱化了的绝对真理世界观。可以说后期的维特根斯坦已经对他自己的第二句话流露出了深深的怀疑。而维特根斯坦前后期的转变本身就等于否定了自己的第一句话，既然是准确无误的表达，那么为什么又会反悔呢？

下一个故事讲的是哥德尔。哥德尔与维特根斯坦和维也纳小组，晚年还与爱因斯坦都有交集。与维特根斯坦相反，哥德尔对语言的表达能力始终都表示怀疑。他在维特根斯坦鼎盛的时候说过一句话："我对于语言想得越多，我就越吃惊人们居然能相互理解。"让哥德尔最不能理解的是，与维特根斯坦那些漏洞百出的"断言"获得的热烈掌声形成巨大反差，1930年10月7日当他在柯尼斯堡举行的"精确科学认识论"会议的第三天宣布，自己对算数不完备性的证明时，会场竟然波澜不惊，几乎没有什么反应。在一个屁股决定脑袋的环境下，哥德尔是一位勇敢的叛逆者，在一个大家都承认绝对真理的场合，他却说出了一句大实话，尽管这句实话言辞凿凿，掷地有声，明明白白，却得不到理解和响应。[1]

撇开世界观不谈，实际上哥德尔的思维要比维特根斯坦缜密得多，这主要表现在他不轻易发言，一生几乎从没有构建自己的理论体系，也不轻易接受他人的语言"诱惑"，即便世界观相同，也始终保持自己灵魂的独立性。哥德尔一生都信仰柏拉图主义，但他一生中最大的成就却是给了柏拉图主义致命的一击。

作者想借两个故事告诉读者，在你们对世界观问题没想清楚前，心态最好保持平和，要刻意地多听对手方的意见，而不是己方的意见。在这个问题上，哥德尔是榜样。作为一个唯心主义者（按现代主义的划分，作者注）却是维也纳小组的热心听众。而不要像维特根斯

---

1. 本节两个故事及相关引述出自《不完备性——哥德尔的证明和悖论》【美】丽贝卡·戈德斯坦著，唐璐译，湖南科学技术出版社出版，2008年4月第一版。

坦，真的把自己当成唯一能在针尖上跳舞的那个天使，不屑于不同意见。但实际上，他的那些"断言"式真理全都经不起认真推敲。还好后期的维特根斯坦多少变温和了一些。

总之，所有想当唯一能在针尖上跳舞的天使的主义，在本质上就是晦涩，让人不可理解的。

读到这里，读者很可能产生这样的疑问，我们在读你的著作时，也不时会感到晦涩呀。作者要说这是很可能的，原因大致有两种：一是，读者是以绝对真理世界观读作者的著作，他们想从中找到绝对的理解；二是，语言本身就不是一种绝对的工具，可以传递确凿无疑的信息，当然在很多情况下也与作者表达不力有关。但不管是哪种原因，你都能体会到这种晦涩与现代主义哲学所表现出的那种晦涩不太一样，区别在于前者通过努力是可以在很大程度上加以理解的，而后者即便通过努力也难以理解。因为前者追求的只是一种包容性的理解，留给读者的理解空间是很大的，理解后你还可以创新；而后者追求的是一种绝对的理解，它没有留给读者理解的空间，更谈不上创新。对此，有一点作者必须强调，不管你读什么样的著作，你都需要开动自己的脑筋去努力地独立思考，没有不需要自己思考就能让你必然懂或理解的方法。

在这里作者要特别对那些迷信大科学家、大思想家，尤其是大哲学家的人说句话：尊崇这些大家从普遍意义上说不是什么坏事，因为这在某种意义上有利于崇尚科学、思想、创新；有利于励志、向上、进取。但是千万不要迷信他们，因为迷信更多地表明你在他们面前投降了，认为自己不行了，不可能超越他们了，甚至认为他们就是真理的化身。当你认为某一人的观点或理论非常了不起，令你非常敬佩的时候，也别忘了保持自己的思想独立性，记住三个要诀：悟、疑、解。悟指，从这些观点发生的话语背景上去理解，一时不理解不要紧，随时借助任何可以激发联想的事情不断去悟；疑指，在悟的同时对这些观点随时保持一定的怀疑，绝对不要把它们作为对的标准，不要将自己的思想往这些观点上靠，想不通的时候，随时可以表示出怀疑，是不是它们错了呢？不要顾及别人是怎么说的，不要因为对方名气大而放弃怀疑，更不要有那种心态，大家都不怀疑，所以我也不应当怀疑；解指，在悟的基础上，解析这些观点，对在什么地方，问题在哪里。依此三诀，不断进行训练，作者相信读者也有成为大家的机会，在针尖上与其他天使一起跳舞。

　　当然，如果读者能在不承认绝对真理世界观的指导下去实践就更好了，因为你会坚信所有貌似绝对的东西都是不绝对的，它们必然存在问题，从而大大增加自己的信心。

第二节　不悖而悖

在现代主义语境下，悖论的出现是从始至终困扰学者的一大难题。因为对绝对真理而言，悖论是不应当出现的。可以说，只要现代主义哲学家们不放弃绝对真理世界观，悖论就会永远是他们挥之不去的梦魇。或者可以更直接地说，所谓的悖论就是虚妄绝对真理的人，自己吓唬自己凭空生出来的恐惧，是为了本不存在的不悖，制造出来的悖。反过来，对于不承认绝对真理世界观来说，所谓的悖论其实不悖，就是事物本来的真实面目。

本节我们将通过对三个历史上经典的悖论例子来进一步说明上述观点。

第一个例子是"说谎者悖论"。这是一个非常古老的悖论，据说最早的原型出自古希腊哲学家伊壁孟德，后来普遍流行的表述是：有一个说谎者，当他面对这样一道测试题：

题面是，我是说谎者；

选择项是，真和假；

答题要求是，不能违背自己的身份认定。

则这个说谎者在回答时，不能保证逻辑上成立。

因为，如果他回答"真"，即承认我是说谎者，那他就违背了自己的身份认定，说了真话；如果他回答"假"，即不承认我是说谎者，等于说自己是诚实者，不符合自身的行为准则。

说谎者悖论是一个典型的自造悖论。它产生的前提是，说谎者是一个绝对的说谎者，而且假话和真话也都是绝对的，可以绝对判定的。

在现实中所有概念都不是绝对的，即便那些被视为经典的哲学概念对也都不是绝对的，比如这个例子中的说谎和诚实，真和假的概念。在我们看来，说谎和诚实概念都存在模糊地带，即在模糊地带你想说谎都不知道怎么说，你想追求真相都不知道真相在哪里。在这样的模糊地带，说谎与诚实之间是没有清晰界限的，所谓的真和假也是无法判定的，因此绝对意义上的悖论根本就不存在。

实际上任何概念的绝对都必然会产生悖论。大家可以把这句话视为悖论定理。从根儿上说，绝对真理必然产生无数无法克服的悖论，它连一步都迈不出去。

说到绝对概念，读者会问，日常生活中很多人都自觉不自觉地视一些概念为绝对的，为什么人们并没有感到悖论的普遍存在，影响他们的生活呢？

问题很好。这是因为平常情况下，人们大多凭经验行为，而悖论多出现在极端的条件下，所以难以发现。另外，也是最为关键的，真实的概念实际上并不是绝对的，那种极端的，绕不过去的悖论在实际中也是不存在的，当然就不会有绕不过去的所谓的逻辑妨碍你的正常生活。但如果你是研究者，遇到极端情况的概率较大，则悖论就会对你的研究思路产生影响。当然，如果你是一个用心的人，在生活中也并不难发现一些弱化了的悖论存在，或者应当准确地说是激烈的矛盾，又或者说是由妄想的概念绝对产生的非绝对意义上的悖论。现举几个日常生活中的例子。

例一，有一位博士生坐飞机。他的人生信条是"先到者优先"，因此早早排队登机，进入机舱后选择了自己最中意的一个靠窗座位坐下。于是发生了下面的一幕，持该座位登机牌的客人上机后要求这位博士让出座位，而博士则坚称自己先到，不同意让位。双方僵持不下，空乘人员也加入解释：机上的座位应对号入座，登机牌是标明了的。但该博士仍坚持，难道先来先得不对吗？其他人无语，是呀你没有绝对的理由说，先来先得不对，更说不清楚为什么这个道理在这种场景下就一定不对。

你说应该对号入座，他说先来先得；

你说对号入座是航空公司的规定，他说航空公司的规定就是对的吗？

你说大家都遵守这个规定，凭什么你特殊？

他说别人愿意放弃自己的权利，我不愿意。

你说这人怎么不讲理，他说先来先得不是理吗？

······

如此扯下去是不会争出必然结果的。这就是一个在日常生活中，时不时会遇到的悖论现象。一个极端偏执的人，你是很难通过讲理来说服他的。道理很简单，因为本就没有绝对的理。对争端的各方都是如此。

说谎者悖论之所以被公认为悖论，是因为在该悖论的表达中预设了绝对的判定标准。但在生活中出现的悖论，从理论上说是没有绝对判定标准的，所以很多人并不把它们视为悖论，仅将博士的行为当做矫情。实际上这种矫情通常就是由固守某一概念产生的。老百姓讲，认死理。

那么有没有办法解决这种谁都不愿意碰到的矫情呢？既然没有绝对的理，当然也就没有绝对的办法。不过有一点是可以肯定的，即大力普及不承认绝对真理的世界观，让越来越多的人自觉地意识到没有绝对的概念，不能讲死理，会大大缓解这类现象的发生，或一旦发生后更容易进行调解。

例二，最近新闻在相隔不长的时间里，连续报道了三起，女子故意挡高铁或地铁车厢门的事例。虽然是不同的人、不同的地点、不同的原因、不同的理由，但都带有悖论因素，或者前例说的矫情。虽然公众的看法非常一致，当事人不讲公德，损害公众利益，应当受到处罚。但我们大家是不是同时应该反思一下自己，是不是也有类似这样的行为，当然多数情况不会比那三个女子极端。其实，只要你认真思考一下就会发现，自己多少也存在矫情、偏激的行为。原因是，我们都是正常的人，而不是完人，当然世界上也不存在什么完人。要减少这类现象，还是前面的建议，改造用确定的眼光、点的眼光看世界的那种旧世界观。

下面我们来讨论一个近现代著名的悖论，罗素悖论。

伯特兰·罗素（Bertrand Russell，公元1872 年 5 月 18 日 - 1970 年 2月2日），英国哲学家、数学家。罗素悖论是说：设集合S是由一切不包含自身的集合所组成。则对于问题，S包含S是否成立？答案是一个悖论。首先，若S包含S自身，则不符合之前对S的定义，说明S不能包含S；其次，若S不包含S自身，则符合之前对S的定义，说明S包含S。即答案是既成立也不成立。为了帮助普通人的理解，罗素变换了一个更通俗的表达方式：一位小镇里的理发师声称，我只给那些不给自己理发的人理发。则这位理发师在面对，你是否应给自己理发？这个问题时产生悖论。如果理发师回答，不给自己理发，那么根据自己的声明，他应给自己理发，因为此时他也是"那些不给自己理发的人"中的一个；如果理发师回答给自己理发，那么他就违背了自己的声明，因为他只能给不给自己理发的人理发。

罗素悖论的发现引发了数学界的巨大震动，甚至有人称之为一场危机，因为不管这些数学家是不是柏拉图主义者或形式主义者，绝大多数人都认为数学应当具有一致性，即在它的内部不应该出现悖论。悖论的出现让他们一时难以接受。

罗素悖论同样也引发了哲学界的广泛讨论，因为这意味着在通往绝对真理的道路上出现了暗礁，现在已然不能一往无前直奔主题，即绝对真理了，而是要考虑如何绕过这类暗礁了。当时的形式主义牵头人希尔伯特曾发起一个"免疫计划"，试图消除一切对直觉的诉求，让数学对悖论免疫。罗素本人也部分参与其中。因为他们认为悖论的出现是由于那些在直觉上感觉对，实际上却不绝对真的东西引起的。诸如集体的集合，又可以是自己的元素这类东西。他们的思路是用一些不让你产生什么联想的稀奇古怪的符号和尽量少的公理构成数学的基础。从而达到避免悖论的目的。但所有这些努力却忽略了一个最大的直觉，即绝对真理！

在关于罗素悖论的争论中，维特根斯坦态度的前后转变可以说是一个有趣的例子，当然也有一定的代表性。早期的维特根斯坦可以说是受了罗素悖论的影响才放弃自己原来的航空工程专业，致力于解决悖论问题的。他准备在这一领域做第一，起码要在逻辑领域打败罗素，以证明自己更牛。很快他似乎就通过出版《逻辑哲学论》实现了自己的次要目标，"战胜"罗素。但他在逻辑领域沉溺越久，就发现所谓严谨的逻辑本身可能就是一个悖论。因为严谨的逻辑要求前提概念的绝对，而绝对本身只能产生"重言式"。后期的维特根斯坦，一改对一以贯之的元叙事追求，变得实用主义起来，走到了另一个极端。维特根斯坦与图灵（Alan Mathison Turing，公元1912年6月23日-公元1954年6

月7日）曾就悖论问题发生过激烈争论，大概发生在1937年。同在剑桥大学，同一学期，他们分别开设了同样名称的课程"数学的基础"。但两门课唱的是对台戏，图灵主要是介绍数理逻辑，维特根斯坦则将主要精力放在驳斥数理逻辑的普遍意义。双方自然会产生交锋，当时他们争论的重点是，矛盾和悖论能否有任何意义。

维特根斯坦的观点是，不能。以说谎者悖论为例，维特根斯坦的观点是："真是奇怪，有人会为这个迷惑——完全不同于你们可能认为的：什么应该因这个事情为人类担忧。这个事情是这样：如果一个人说'我在说谎'，我们说由此得知他没有说谎，由此又得知他在说谎，如此如此。那好，又怎么样呢？你可以这样一直下去，直到累得说不出话来，难道不是吗？这没什么大了不起的。"[1]

但图灵不这么认为，他感觉通常的悖论和矛盾的确是问题，而且它们有时也指出了通往几乎必然的惊人真理的途径。

两人谁也说服不了对方，不久图灵就退出了争论。因为他已经有了具体的灵感，并在付出着努力，那就是同年发表的"论可计算数及其在判定问题上的应用"。该论文的结论是：每个包含一定分量有穷主义数论的一致形式系统中都存在不可判定的算数命题，此外任何这种系统的一致性都不可能在系统内证明。

图灵从悖论中获得的灵感无疑有助于他日后，在二战中破译德军密码"迷码"的战功和最终成为计算机之父的荣耀。今天我们所有的人都应该感谢他。

在这里我们又应该怎么评价维特根斯坦与图灵的争论呢？

在宏思维上，作者更倾向于维特根斯坦。因为他此时已经对元叙

---

1. 《不完备性——哥德尔的证明和悖论》【美】丽贝卡·戈德斯坦著，唐璐译，湖南科学技术出版社出版，2008年4月第一版，第143页

事表示了高度怀疑，既然元叙事不可能，那么悖论就是正常现象，不足为奇。另一方面，作者非常不认同维特根斯坦对待悖论的那种玩世不恭的态度，即便按维特根斯坦所说的哲学旨在："指给苍蝇飞出苍蝇瓶的道路"，你也需要寻找和发现瓶口的方向和位置呀。确定性始终都是人类认知的目标，尽管我们知道没有绝对确定的事物。

在具体问题上，作者更倾向于图灵，因为出现悖论虽然不奇怪，但却是有意义的，任何悖论对于我们今天的计算机软件来说都是致命的危险，是需要克服的。但必须强调的是这种克服不是图灵所憧憬的元叙事意义上的克服，而是在体系内加以避免。这正如计算机漏洞，对所有使用计算机的人来说都是潜在的风险，是需要认真对待的学术和技术问题，即具有现实意义，也具有理论上的意义一样。我们防范计算机漏洞，是一个不断发现漏洞，不断修正漏洞的过程。

另外，借图灵的事例也可以帮助作者来解释一个长期让自己感到难以说清楚的问题，即到底是承认绝对真理的世界观更能激发创新者的热情，还是不承认绝对真理的世界观更能激发创新者的热情？其实这个问题本身也是一个悖论，因为不能简单地用对和错来回答，只能说都有可能，不同的人会有不同的结果。对于像图灵这种类型的人来说，也许自认为存在绝对真理，可能更能激发他们在牛角尖中更近一步。亦或说，如果他们没有对绝对真理追求的强大欲望，他们可能不会取得日后的成就。但反过来说，如果图灵这类人秉持不承认绝对真理的世界观，又同时具有极高的钻研精神，他们的思路必然更广，眼界更加开阔，灵感更多，成果也更加丰硕。但有一点是可以肯定的，那就是当不承认绝对真理成为人们的常识后，人类整体创新的能力会得到大大的增强，而不是减弱。道理很简单，在一个针尖上可以有无数天使跳舞。

无穷的概念是令所有哲学家都感到头疼的家伙，因为它关乎所有概念是否能实现绝对化。古希腊哲学家芝诺（Zeno of Elea，公元前490年-435年）曾围绕这一概念留下了一系列悖论。其中一个是这样表述的：长度的最小单位我们称之为单子，一个单子或者是0（零）或者不是0，如果是0，那么无穷多个单子相加也产生不了长度；如果不是0，则无穷多个单子组成的有限长线段就应当是无限长的。类似的问题在前面有关物质无限可分和点定义的讨论中已经出现过。实际上这个悖论影响着几何学的根基。

　　对此，芝诺自己的解决方案是，只要将物质无限可分的概念拿掉，上述悖论就可以解决。要是认为这样有违常识，那是常识自己有问题。但这样就会产生一系列其他问题，如数学的连续性问题，几何学的表达就变成了筛子，如示意图2.2.1所示。当然，芝诺的观点留基伯、德谟克利特是欢迎的，因为正好支持了他们的原子论。

　　数学家们会举出一个例子来反击芝诺的观点，如果我们建构一个数列从1的二分之一开始，然后不断地减半，即1的二分之一、四分之一、八分之一、一直递减下去，显然这一过程可以无限进行下去，而且这个数列的总值不是无限大，是1。

　　在作者看来，数学家举的这个例子并不能解决芝诺悖论，只是解释了无限可分在数学上是可能的，与毛泽东的观点相通。这相当于将无限可分的终点是什么这个问题变成了悬案。

　　作者认为芝诺悖论是不可解的（这里所说的芝诺悖论特指，或仅指前面讨论的悖论，而不是其他任何芝诺悖论，作者注），因为它已经触及了元叙事的关键一步。或者说这个问题等同于点定义的问题，等同于宇宙大爆炸理论的奇异点问题，甚至等同于谁创造了宇宙的问题。而且这种不可解与绝对真理不存在的观点相一致。不可解对不承认绝对真理世界观来说是正常的，但对承认绝对真理世界观来说是致命的。

一句话，绝对真理追求对宇宙万物不悖的解释，但不幸的是它自己从根子上就是悖的。例如两条直线，其中一条直线比另一条直线长一个点，按照定义两条直线都包含无限多个点，但在本例中一个无限多比另一个无限多多了一个点，无限的东西可以用有限的东西比对、丈量是不是很滑稽呢。其实所谓的无限和有限都不可能是绝对的概念，一旦绝对化它们就必然产生不可化解的矛盾。芝诺悖论和其他悖论所揭示的正是，绝对必悖的道理。

第三节 完备而不备

按现代主义的理解，一个理论体系的完备性是指，在该体系下所有应该被表达的东西，都能够按照体系的内部规则被表达出来。

我们先就上述定义讨论一个问题，完备性重要吗？

对现代主义来说，答案当然是重要，因为从绝对真理的角度，如果自己的理论体系不完备，就说明自己本身不绝对正确。也就是说完备是一个绝对真理的必要条件，它很苛刻。

那么存在所谓的完备的理论体系吗？这也是绝对真理观常常用来反驳不承认绝对真理观的一个话题。

应当说在一定的条件下完备的理论体系是存在的。因为迷宫就是一个典型的完备体系，只有确定的若干个出口。但所有这类的体系都不能构成对绝对真理的支持，同样也不能构成对不承认绝对真理的反驳。因为，这类系统一定是建立在许许多多绝对条件限制的基础之上，才有条件地成立的。如迷宫这个例子：你必须对出口做出限制，不能上天，不能钻地，不能打洞等等；必须对迷的对象做出限制，迷宫当然迷不住宇宙射线，迷不住电磁场等等；还必须在双方都认可的条件下，才能产生意义。所以说完备性只能是一个相对概念。

那么我们讨论完备性有必要，或者说有意义吗？

当然有必要，有意义。而且，从世界观的角度看，是很有必要，很有意义。

完备性对任何一个理论体系来说，它就相当于美的概念。我们能说在日常生活中讨论美没有必要，没有意义吗？当然不能。我们制定一个游戏的，一种体育比赛的规则；制定语言体系的语法规则，计算机语言的语法规则；制定法律体系的规则，制定教学大纲，制定社会体制，编写宪法等等都需要考虑相对的完备性，或者说整体的协调性，又或者说美感。

读者会说，你不是前后矛盾吗，你在前面说绝对的完备是不存在的，这里你又说完备是有必要，有意义的。

是的，绝对意义下的完备性是不存在的，但相对意义下的完备却是不可缺少的。这就像我们讨论美，绝对意义上的完美是不存在的，但美是我们每一个人都需要去追求的对象一样。

又问，我们在日常生活中，经常会用完美来形容事物，这是不是一种错误的表达方式？通常情况下，这谈不上什么错与对，因为一般大家都知道这仅仅是很美的表达方式，用不着上纲上线。但在现代主义语境下的正式场合，谈一种社会制度、一个大的理论体系有人使用完美时，你就要保持警惕了。因为世界上根本就不存在这样的社会制度和理论体系。这样说的人要么无知，要么就是骗子，或者兼而有之。

说到这里，我们来讲一个有意思的小故事。美国宪法是西方社会公认的最好宪法，二百多年只改动过很少的地方。很有些人把它视为完美或完备的化身。作者也不否认美国宪法是一部很美的宪法，起码对美国社会，美国文化背景，美国人来说如此。

哥德尔和爱因斯坦都是四分之一血统的犹太人，在纳粹时期面临迫害危险。实际上哥德尔已经感受到了这种迫害。哥德尔的外表装扮很像犹太人，长大衣、软呢帽、厚厚的眼镜，一次在维也纳大学校外被一群年轻的狂热法西斯分子暴打了一顿，眼镜也被摔坏。要不是妻子阿黛尔的保护，结果可能更惨。1940年，在美国普林斯顿数学研究院的大力邀请下，哥德尔终于跨越了大西洋，并考虑移民美国。天性使然，哥德尔非常认真地准备着移民考试。这种认真使他在研究美国宪法时有了一个惊天的发现：美国宪法中有个内在矛盾可以使其民主制度倒退到专制。[1]其实哥德尔在此之前就有强烈的法律癖好，思考着建立一个完备的司法体系的可能性问题，这位逻辑学家对不完美的事物会本能地去挑刺儿。

当哥德尔将自己的"伟大"发现告诉好友经济学家摩根斯特恩时，经济学家被逗乐了，同时也感到有些紧张，害怕这一发现会给哥德尔的移民考试带来不必要的麻烦。摩根斯特恩于是与爱因斯坦商议如何才能让哥德尔忘记自己的发现。

1947年12月5日，考试的那一天，摩根斯特恩和爱因斯坦接哥德尔去特伦顿联邦法庭，摩根斯特恩负责开车，爱因斯坦负责转移哥德尔的注意力。哥德尔一上车，爱因斯坦就不给他讲话的机会，用一个分散注意的笑话向他问候。

"哎，你准备好你终结之前的最后一次考试没有？"

"'终结之前'，你指什么"？

"很简单。终结就是你跨进坟墓的时候"。

爱因斯坦继续一个又一个地讲故事。

……

不知不觉中，三人很快就到了法庭。主持考试的法官碰巧几年前主持过爱因斯坦的入籍宣誓，他马上把三人领入了自己的房间。先与爱因斯坦寒暄了一会儿后，法官开始了考试。

---

1. 《不完备性——哥德尔的证明和悖论》【美】丽贝卡·戈德斯坦著，唐璐译，湖南科学技术出版社出版，2008年4月第一版，第169页。

"到目前为止你还是德国籍。"

"奥地利籍。"哥德尔立刻纠正法官的错误。

"不管哪个，都是邪恶的专制政体。幸好，这在美国是不可能的。"

显然，爱因斯坦转移注意力的努力全白费了，法官的这句话正是哥德尔期盼已久的，正式发布自己新发现的机会。

"恰恰相反，我正好知道这（指美国变为专制政体，作者注）如何可能。"

然后，哥德尔像宣读自己的学术论文一样，郑重地阐述他所认为的美国宪法漏洞。

三位听众，法官、摩根斯特恩和爱因斯坦在相互交换了一下眼神后，法官赶紧打断了哥德尔的"演讲"，将话题转入了不那么敏感的话题。终于，入籍宣誓顺利结束了。[2]

作者很喜欢金庸武侠小说中对一种练武状态的描述，叫"走火入魔"。哥德尔显然在他的研究领域已走火入魔了，即走入绝对思维，难以自拔了。

即便从纯理性的角度看，美国宪法何止有一个漏洞，可以说是漏洞百出。从自由、平等，到民主、专制，再到三权分立、相互制衡，所有的概念都是不能严格证明的，都存在难以避免的漏洞。因为所有这些概念本来就不可能是绝对的。我们大多数人之所以认为，美国宪法还算是一部说得过去的宪法，正是因为它在一定程度上考虑到了不绝对的因素。相关问题我们在本丛书后几卷中还要专门讨论。这里作者想说的是，如果是挑漏洞，那么多漏洞哥德尔只挑出来一个，很让作者吃惊，显然不是他的能力问题，而是他的视野问题。绝对真理世

---

2. 同前注，第169页-170页。

界观必然会让研究者的视野越来越窄，而且越是单一领域的专家，大家这种现象就越是明显。以致于他们甚至走出普通人的常识经验之外，与大家格格不入，行为怪异。

但另一方面我们也应当承认，这些极度偏执的大思想家和理论家对细节的关注和高度分析能力是超群的，他们比常人更能捕捉到一些细微的确定性。这很像我们品茶、品酒、听音乐，有些长期从事茶、酒、音乐研究和工作的人，他们相关的人体机能比普通人更加敏感，辨别能力更强。因此，他们可以分辨常人不能识别的茶的味道、产地、甚至土壤肥力变化、气候特征等等。据说：好的品茶专家可以品出一些茶叶产自哪棵茶叶树；好的品酒师可以品出一瓶酒是哪里的葡萄酿制的，酿制于具体哪年；好的辨音师可以仅仅通过声音，辨别一只杯子里水量的多少。

但是，这类高细微度条件下的确定性识别，同时也具有更高细微的不确定性。对普通大众来说，所谓专家的意见虽然可以在一定程度上产生指导作用，但不能替代普通大众的感受和理解。在不同的领域，这种高低端认知能力的分化可以产生所谓阳春白雪和下里巴人这样的文化差异，但一个下里巴人从"庸俗"的歌曲中获得的愉悦感受，可能要高于一个阳春白雪人从"优雅"的歌曲中获得的愉悦感受。当然，你可以说两种是不可比的。

上述专家现象，似乎支持了能在针尖上跳舞的天使要明显比能在桌面上跳舞的天使少得多，但这不等于说针尖越尖跳舞的天使就越少，最后只容得下一个天使跳舞。实际上在针尖上，仍然有无数的确定性与不确定性共同存在，只不过这时的确定性表现得更加精细，分辨更加细微，把握更加困难，而所有同一层次上的确定性都同样具有不确定性伴随，这些不确定性也同样的细微，难以识别。专家们在针尖上所面临的环境其实与普通人在日常生活中所面临的环境，从本质上说是大同小异的，即他们也都同时面临确定性与不确定性的共同挑战。对于专家，普通大众总以为他们是离真理最近的人，他们也是最容易看清前方之路的人，但实际上对那些专家们来说，他们在针尖上并没有发现，他们原本想象的情况：自己离真理越来越近了，继续前进的道路比之前任何时候都更加明确了。在这个所谓的"针尖上"，他们反而发现的是一个比之前更加难以分辨，更加模糊的状态。下面这个故事可能有助于读者对针尖上的天使所处状态的理解，他们并不比普通人轻松。

　　同在普林斯顿的相当长的一段时间，爱因斯坦和哥德尔常常结伴走路回家。要知道哥德尔可并不是一个很好相处的人，思想和行为比较极端，他在普林斯顿几乎没有什么朋友，或者曾经的朋友都难以长时间地维持与他的交往。作者当然不能断言哥德尔处于一个精细思维的自闭症状态，但他的行为却每每显示出他与其他人的迥异，很少有人能理解他，更少有人能与他谈得来。有个例子可能有助于说明这一点。哥德尔在研究院期间，研究院有一个传统，凡引入新成员必须经过教授们投票同意。有时院长会利用权力施加影响，以打破学院的沉闷气氛，引入新鲜元素的注入。通常大多数教授是反感这种专制行为的，但哥德尔，几乎往往就是哥德尔与他们不站在一起。而哥德尔的理由是，自己看不到存在必然的逻辑反对这些专制，哥德尔甚至认为对任何握有权力的人而言，他都有获得权力的正当理由，而其他人并没有必然的逻辑推翻这个理由。这显然与大多数人用对与错来判定权力的合法性不同，哥德尔是用反对理由的完备性，或者说是逻辑上的必然性来思考这个问题。因此，在工作中哥德尔很难与其他人保持融洽。以至于数学家们专门为哥德尔设立了一个研究领域—逻辑，其实目的就是要将他排除在研究院日常这类投票之外。

爱因斯坦与哥德尔这对忘年之交，看上去让很多人难以理解。作者以为是有其深刻原因的，对这两位各自在自己的研究领域思维已经极为细腻的人来说，能找到一个可以交流和倾听的人是非常宝贵的。他们都希望能从对方的倾诉中获得前进的灵感。但遗憾的是，在通往"绝对真理的道路上"他们遇到的是不可破解的迷雾。在爱因斯坦1955年去世后，哥德尔自己又在更加孤独的状态下苦苦挣扎了二十多年，留给后人有关学术问题的最后两句话是："我失去了作肯定判断的能力。我只能作否定判断。"[3]

对哥德尔临终时流露出的极度痛苦，作者是能够理解的，因为他并不感觉自己是在针尖上跳舞的唯一天使，而仅仅感觉自己是在一片陌生的沼泽中苦苦挣扎的，目标方向又一片漆黑的行路人。他的痛苦是其他正常人难以体会到的，更难以与其分担。进一步说，从世界观角度，当你将更细微的点看成是更确定的点时，就必然产生困惑。而且这种困惑会随点的更加细微而增大。比如我们之前讨论过的，当我们认为光子是确定的时候，就难以理解其背后不确定性带给你的困扰，特别是当你根本就不相信有这种不确定性存在的时候。尤其对象哥德尔这样经过完备性最严格训练的人更是如此。

但反过来说，在实践中如果某一所谓的专家过分自信，又缺少哥德尔自我否定的严谨态度，误以为自己的感受和认知就是唯一正确的，并以此对普通大众施加影响，那么由此产生的危害往往是非常巨大的，甚至具有毁灭性。对于这一点我们将在丛书的后几卷中通过大量的实际例子加以说明。还好，很多真正具有这种专业能力的人，同时也具有更加严谨的科学态度，使得他们不会随意地发布不能够通过自身审核的观点。在这一点上，作者要给哥德尔："我失去了作肯定判断的能力。我只能作否定判断"这两句话点赞。

3. 同前注，第183页。此段有关哥德尔的故事也引自该书.

第四节 严密的谬误

我们知道作为表达事物之间关联性的逻辑是人思想的有机组成部分，只要人进行思想活动，就离不开逻辑，因为在你思考时不管你是否意识到你都会自觉不自觉地将一事物与他事物关联起来。也就是说，不管一个人承不承认绝对真理，他都会用逻辑进行思维。

逻辑一词出自古希腊文，原意也就是表达的意思。但在承认绝对真理世界观语境下，人们相信事物的确定性可以是绝对的，因此相应地要求对事物的表达也应当是严密的，渐渐地把所谓严密性与逻辑等同起来，甚至将其视作绝对真理的存在依据。并由此产生了一个所谓"逻辑哲学"命题，认为只要逻辑可以做到绝对的严密，就可以间接证明绝对真理的存在，因此我们不用直接去找那个唯一的绝对真理，或者说我们可以把寻找绝对真理的任务转化为证实逻辑可以绝对的严密。起码看起来，后一个任务比漫无边际地去寻找绝对真理更直接和可行。

作者敢说在没有把话题挑明之前，绝大多数人都从不怀疑逻辑的严密性。而且，即便在作者挑明了话题，指出这个问题涉及是否承认绝对真理，大多数人仍然相信逻辑可以是绝对严密的。作者如果说天底下没有绝对的逻辑，一个人不加限制地迷信逻辑，往往会被引入谬误，那么作者的观点一定会被群起而攻之。

作者自己也承认在一定条件下，逻辑可以是严密的，即可以产生所谓的唯一正确的选择，但必须强调的是任何类似的严密性都是有条件的。人们在这里实际上存在一个很大的误区，即忽略了逻辑的前提条件的限制。其实逻辑严密性成立的条件是前提假设的绝对，而不是逻辑本身。例如一个凹字形图案和一个与该凹字形图案凹口大小相符的口字形图案，可以经过严密推理组成一个与凹字形的长和高一致的大口字形图案。但如果那个凹字形和小口字形不是绝对的，显然我们就不能得出大口字形这个唯一正确的选择，即此时逻辑的严密性也就荡然无存。至于本例中的前提假设凹字形和口字形图案是否绝对，我们在前面讨论点是否绝对时已经涉及过，这里就不再赘述。

历史上很多逻辑学家和哲学家曾试图运用所谓的逻辑严密性来证明绝对真理的存在，这实际上就犯了一个本末倒置的错误，即假设绝对是存在的，并以此为前提来证明绝对真理的存在。我们再举一个貌似最严密，也最简单的数理逻辑的例子：1+1=2，来说明这个问题。1+1=2这个等式的成立似乎是无懈可击的，但人们往往忽略了这个等式成立的前提是什么。如果我们追根溯源的话，就会发现它成立的前提是，我们在数学上假定了自然数1是一个绝对的概念，同时我们还规定了数学加、减、乘、除等操作的严格规范，在此前提下1+1=2才可能是唯一正确的选择。但是在实际中所谓的自然数1、2、3、4……并不是，也不可能是绝对的概念，如一个人看似是一个独立的整体，但实际上我们并不能给出他或她绝对的定义，因为我们不能区分一个人绝对的边界。同样我们也不能绝对地定义所谓加法的含义，因为在实际中1+1不等于2的情况完全是可能的，如一个细胞+一个细胞可能等于一个细胞（一个卵子细胞+一个精子细胞=一个受精卵细胞）等等。即便1+1=2，在现实中结果也是不一样的。例如，两个人组成婚姻是典型的1+1=2，这个2就是婚姻，但现实中这个2是一样的吗，有一样的婚姻吗。因为它的前提，人是不一样的，当然不一样的人组成的婚姻也不可能是一样的。

如果在具体研究中，我们想当然地将一些概念当做绝对的前提作为立论的基础，就自然会在"严密的推理后"得出荒谬的结论。马克思推导的共产主义结论就是一个典型的例子。阶级和阶级斗争在任何社会中都是存在的，但同时也不是绝对的，即阶级之间还有相互依赖、转化的关系。马克思由阶级和阶级斗争绝对化出发，再经过建立在一系列绝对概念基础上的严密推理，最终得出了共产主义结论。你仅从他的推理过程或者说逻辑上是挑不出什么大毛病的，问题其实是出在那些作为前提的概念里，也就是说这些概念本身都不是绝对的。一旦研究者把这些概念视为绝对的，并以此为前提进行推理，就必然会产生谬误的结论。而且随着推理过程延续得越远，谬误的成分就会越多，结论就越荒诞。对那些同样相信概念可以是绝对的读者来说，他们往往更看重的是一个理论逻辑上的严密性，而不是前提条件的绝对性，因此很容易就被说服，成为追随者。这也是现代主义的各个分支都不乏信仰者的主要原因。

当我们仔细地分析类似上述严密逻辑等式的两端，就会发现这样的等式并没有产生超出前提假设所包含内容以外的任何具有新意的推论，即它只不过是所谓的重言式。注意我们这样说并不是否定严密等式的意义，而只是说这类等式右边所表达的意义其实在列出等式前就已经包含在等式左边了，我们只不过是将其从若干意义中特别摘出来强调一下而已。在日常实践中这样的等式可以帮助我们省去繁琐的筛选过程，方便运用。

由此我们可以得出一个结论，对于任何一个由绝对概念组成的条件体系而言，设A为该体系能够产生的所有有意义的结论的集合、B为以该条件体系为前提由逻辑推理所能够产生的所有有意义的结论的集合，则$B \leqq A$。也就是说严密的逻辑推理不会产生前提条件所包含内容以外的东西。换句话说，对于1+1这个前提条件而言，它实际上已经包含了2这个结果，逻辑推理的结论只是重复了这一结果，并没有也不可能产生除此之外的其他有意义的结论。

下面我们再举两个更复杂的例子。

例一、有十个人各自养了一条宠物狗。他们都是心智正常的人（暗指他们都能进行正常的逻辑思维，且在逻辑能力上没有差异）。现知十条狗中存在患有一种传染病的狗，并且知道凡患有这种传染病的狗会在一天中特定的很短的时间里一定持续有不同于正常狗的行为表现，养狗人可以根据这些行为表现加以识别。这里所谓很短的时间指，该时间的长度只够养狗人做一次反应。按照法规患有这种传染病的狗必须送到专门的宠物医院进行隔离。现假定十个人各自牵引自己的狗站成了一圈，每个人都能够观察到其他九只狗，唯独不能看到自己的狗。大家商定一起观察，但相互之间不能互通有关狗状态的信息，届时判定自己的狗有病的人应一起自觉地在第一时间将狗带到宠物医院进行隔离。这里所谓第一时间指，一旦养狗人能够做出自己的狗有病，他必须立即采取行动，不得有任何耽搁。

采取共同行动的第一天，在观察狗出现不正常的特定时间过去仅够狗主人做出一次判断的时间后，所有病狗都被立即送到了医院进行隔离。

现在问：有几只病狗，为什么？

答案是：有三只病狗。

因为如果只有一只病狗，那么在观察的第一天，十个人中有九个都看到了一只病狗，而另一个人，也就是病狗的主人则一只病狗也没有看到，因此根据前设必有病狗存在的假定，他可以不用等观察期完全过去，就立即判断自己的狗一定是病狗，并采取行动将狗送往宠物医院。

如果有两只病狗，那么在观察的第一天，会有八个人看到两只病狗，其余两个人看到的是一只病狗。对看到两只病狗的八人来说，他们都无法在观察期内判断自己的狗是否为病狗，因为这只有等十个人中间有两人看到是一只病狗的情况被排除后，才能进行。而对看到一只病狗的人来说，他们等观察期一结束，只要看到在观察期内没有人采取行动，就可以立即判断自己的狗也是病狗，两人会同时采取行动送狗到医院。

如果有三只病狗，那么在观察的第一天，会有七个人看到三只病狗，其余三个人看到是两只病狗。对看到三只病狗的七个人来说，他们要等三只病狗的情况被排除后，才能进行判断。而对看到两只病狗的三个人来说，他们只需留意，在观察期结束的第一时间是否有人采取行动，既可判断自己的狗是否为病狗。因为如果是二只病狗的情况，则两只病狗的主人会在第一时间立即行动。如果没有人立即行动，说明的确有三只病狗，自己的狗也应当是病狗。三只病狗的主人即可同时采取行动。

这个例子表明逻辑的严密性依赖于前提条件的严密。该例的前提条件很多，但目的无非是为了将所谓第一时间、第二时间、第三时间划分清楚。如果我们将该例改造一下，使前提条件能够把从第一时间到第N时间都划分清楚，则到底有几只病狗，是不是就可以根据有几个判断时间来进行推理，得出N病狗需要N个判断时间这样的结论呢？甚至我们是不是还可以给出一个判断病狗个数的漂亮公式呢？读者自己可以尝试进行这样的改造，在尝试中读者会发现，设置前提条件往往比推理本身更考验自己的逻辑能力，稍有不慎所谓逻辑的严密性就会被破坏。实际上，即便像例一这样的逻辑题也禁不起较真的人挑剔，他如果追问什么是第一时间、一个立即动作需要多少秒的时间等等，都是你需要进一步加以补充说明的漏洞。

由这个例子，我们看到虽然逻辑推理并没有产生超出前提限制之外的新信息，但逻辑推理仍然具有现实的意义，因为它可以将我们的正确选择从若干可能的选择中列举出来，为我们下一步行动指明方向。同时作为知识存储起来，以便今后遇到同样的问题时直接运用，从而提高效率。

例二、有十三个大小、外观一样的小球，其中有一个坏球的重量与其他十二个好球不一样，而且不借助精密的仪器人不能感觉出它们的差异。现给你一架精密天平，问最少称量几次可以确保将那个重量不一样的球识别出来？

答案是：三次。

第一次，在天平上一边放四个球。此时可能出现两种情况：第一种，两边一样重，这说明八个球都是好的，坏球一定在余下的五个球之中。第二种，两边不一样重，说明八个球中有一个是坏球，但我们不知道具体哪一个是坏球，而余下的五个球是好球。

第二次：如果第一次的结果是两边一样重，则从八个好球中取三个球放在天平的一边，同时从有疑问的五个球中任意取三个球放在另一边。如果一样重，说明坏球一定在五个球余下的两个球之中。此时，你只需要从中任取一个与其他十一个已确认为好球中的一个再称一次。这时仍可能会出现两种情况：其一，两边不一样重，这说明从上次剩下的两个球中拿出的那个球就是坏球；其二，两边一样重，这说明最后剩下的那个球一定是坏球。不管是哪种情况都不再需要第四次称重。

如果第一次称出现的是两边不一样重的情况，则第二次我们从第一次未上天平的五个好球中任取三个好球替代三个第一次称显示为重的疑似坏球（替代三个轻的球也一样）放在天平的一边；将被替换的三个重的疑似坏球转移到另一边；将第一次称显示为轻三个疑似坏球从天平上取下单放，留下一个标上记号与转移过来的三个重的疑似坏球一起放在天平的另一边。这时可能出现三种情况：第一种，两边一样重。这说明坏球一定在从天平拿下的三个轻球之中，而且我们还知道了坏球一定比好球轻。这时第三次我们只要从拿下的三个轻球任取两个球，在天平两边各放一个。如果一样重，说明三个球中剩下的那个是坏球。如果不一样重，则轻的那边是坏球。第二种，不一样重，而且轻重的方向没有变化，说明坏球一定在第二次称没有变动的两个球之中。这时第三次我们从这两个疑似坏球中任取一个与一个好球各放一边：若一样重，则剩下的那个疑似坏球就确定是坏球；若不一样重，则称的那个疑似坏球确定是坏球。第三种情况，二次称重时天平的轻重方向发生了变化，即原来轻的一边变重了，重的一边变轻了。由此我们可以肯定坏球一定在那三个从天平一边移到另一边的球里，而且我们还可以判定：如果这三个球现在是轻或重的一方，那个坏球也比好球轻或重。按照我们前面的叙述，在本例中坏球应当比好球重。这时第三次称，我们从三个疑似坏球中任取二个放在天平上：若两个球不一样重，则重的那边是坏球；若两边一样重，则剩下的那个球是坏球。

上面的例子想必可以再次帮助读者深入理解我们的如下观点：

1、逻辑思维的严密性成立的前提是，假设条件的严密性。对这个结论会有读者表示出不懈，这有什么好说的，逻辑推理就是在已知条件下展开的，谁不知道。对此读者不要不以为然，历史上有大批思想家、哲学家、数学家，甚至逻辑学家栽在这个问题上。历史上有一些形式主义者幻想用一些稀奇古怪的符号表示一些规则，然后试图用这些规则通过逻辑推理证明绝对真理的存在。引入稀奇古怪的符号的目的是防止使用者掺杂多余的联想，从而影响推理的严密性。例如，他们用∈表示"属于"的概念，A∈B，代表A属于B，即A是B的一个子集。由此我们可以用"人∈生命体"，表达人属于生命体这个意思。但他们忽略了这类表达体系的前提是否严密的问题，或者他们想当然地认为这些前提是绝对的。例如，在上例中所谓的属于、人、生命体这些概念都不是绝对的，实际上当我们无法给生命和非生命绝对加以区分的话，在人属于生命体，即"人∈生命体"的同时，人也可属于非生命体，即"人∈非生命体"，出现悖论就是可能的。事实上也是如此，因为人的最基本成分都是所谓的非生命体。再以上面第二个例子为例，如果我们将识别坏球的条件扩大为，既不仅要将它指认出来，还要求知道坏球是轻还是重，那么上述的推理过程就存在瑕疵，或者说是不够严密的。具体不严密在哪里，就留个悬念请读者自己思考。

2、严密的逻辑推理只能起到从前提条件所包含的信息中寻找对我们有用的信息，而不能创造新的信息。对这个结论，表示怀疑的读者可能更多。他们会想我们每天都在创造大量的新信息和新知识，那这些新的东西又是怎么来的呢？其实新的知识产生于联想，或者说是跳出旧有知识约束的跨越思维，联想一定不是绝对的。不可否认，任何联想都带有逻辑的成分，但这里的逻辑并不是所谓的严密逻辑，而是相关性推理，其实这才是逻辑思维本来应有的面目。实际上世界上任何事物与其他事物都具有相关性，它们都是通过相关性相互作用的。当然不同的事物之间的相关性疏密有别。

3、逻辑推理在现实生活中具有重要意义。从上述两个例子，我们可以清楚地看到逻辑推理在实际生活中具有重要的作用。例如称出坏球的例子，如果不借助逻辑推理，采取最笨的办法一个一个去称，效率就低很多。特别是在当今的数字化时代，面对巨量的信息，如何从中提取有用资信，同时对这些信息进行有效及时的管理，逻辑推理更是不可或缺的重要工具。就像我们批判概念的绝对，并不是批判概念本身，更不是反对使用概念，反而是为了更好地使用概念，避免被概念的绝对带入歧途。同样，对逻辑也是如此。我们提醒读者勿被打着严密逻辑幌子的主义欺骗，并不是反对逻辑本身，而是为了帮助读者更好地运用这个工具。

通过前面对两个例子的讨论，我们现在再回头思考顶尖逻辑学家哥德尔临去世前发出的那两句痛苦感言："我失去了作肯定判断的能力。我只能作否定判断。"，就很容易理解了。虽然哥德尔自己也承认有绝对真理，但他具有比其他哲学家更强的逻辑思维能力，所以他不能像这些哲学家那样著作丰硕。原因很简单，因为当他每每从一条路径出发去探寻绝对真理时，很快就会发现逻辑是不严密的，自然也就难以产生肯定性的成果。他为绝对真理奋斗了一生，最终只能哀叹："我失去了作肯定判断的能力"。但是在我们看来，哥德尔远比那些拥有大量著作的哲学家更加伟大，更加值得尊重。因为他的严谨态度，使得我们这些后人减少了被貌似很逻辑的主义烦扰的程度。

第四章 建构新世界观

第一节 拆篱笆

前三章我们分析了绝对真理世界观产生的种种怪象，其中之一我们称之为"行路难"，它的主要表现特征为：山头林立，沟壑纵横，条块分割，篱笆遍布。为什么会出现这种状况呢？始作俑者当然是绝对真理的世界观。绝对真理世界观是通过确定的点来认识世界的，因此在它看来所有的概念都可以，也应当是绝对的，因为这些概念都是被放大了的确定点，或者说是由确定点组成的。依照这种认识，概念与概念之间从逻辑上说就应当存在所谓的严密分界线，否则任何建立在绝对概念基础上的理论体系都不可能是不悖、完备、符合逻辑的。如我们在前面举过的例子：物质和精神这两个概念之间应当有绝对的分界线，这样所谓的唯物主义和唯心主义才可能是两种完全对立的方法论，如此唯物主义对唯心主义的批判，或者反过来唯心主义对唯物主义的批判也才可能用绝对的对与错逻辑标准展开。虽然这两个主义都承认在一定条件下物质可以转变为精神，精神同样可以转变为物质，但此时它们都会立即陷入逻辑上的困境，即无法明白地解释在什么必然的条件下精神可以转变为物质，并形成严密的逻辑链。也正因为这个原因，两个主义斗了几千年，也没有斗出一个结果，东风没有压倒西风，西风也没有压倒东风。

其实所谓的唯物主义与唯心主义的本质区别在于"唯什么"上，问题也就出在这个"唯"字上，即不管是"物"也好，"心"也好，是否可以是绝对确定的，并被我们唯一地感知。现实中的绝大多数思想家，不管他们自认为是唯物主义者还是唯心主义者，都不必然地排斥对立方对"物"和"心"的解释，或者说他们是处于你中有我，我中有你的状态，这种现象本身就说明对立的双方都不满足自己设立的关于"唯"的绝对前提条件，也就是说所谓的绝对的唯物主义和唯心主义本来就不存在。一个典型的例子就是所谓的马克思主义哲学，即辩证唯物主义。但从方法论角度看，辩证唯物主义实质上就是唯物主义与唯心主义的混合产物。因为辩证唯物主义中的辩证一词指的是黑格尔的辩证法，而辩证法在大多数西方传统哲学家眼里是一个典型的唯心主义方法论。因此辩证唯物主义既不像原子论、实证主义那样的大家"公认"的唯物主义，也不像柏拉图主义那样的大家"公认"的唯心主义，而是唯物主义与唯心主义联姻产下的混血儿。

换一个角度来讨论，我们是否能够清晰地区分唯物主义与唯心主义取决于物质和精神或存在和意识是否具有绝对的界限。反过来说如果物质和精神之间不存在绝对的界限，那么关于所谓的唯物主义和唯心主义的争论又有什么实质的意义呢？如果存在，似乎为我们区分唯物主义与唯心主义提供了可能，但接着又会产生更多的致命问题：首先，既然物质和精神之间存在绝对的界限，表明物质和精神之间是不可能产生任何交流的，那么人的精神又是怎么从物质的人身上产生出来的呢？其次，本来人们提出唯物主义和唯心主义这类方法论的目的是为了求证绝对真理的存在，但此时我们的做法是先假设绝对是存在的，再证明方法正确性，明显犯了本末倒置的错误，目标反过来变成了起点，人们转了一大圈从逻辑上说并未能迈出第一步。再有，从绝对的立场说，物质和精神必然会在边界处实现"统一"，即它们在边界处实现了"大同"，然而边界绝对的假设却是两者绝对的分离，或者说绝对真理不是一个而是两个。以此类推，我们是不是可以认为有多少概念就有多少绝对真理呢，或者说绝对真理有无数多，即通常所说的多神论。显然多神论面临的问题也更多，一方面它不能进行所谓的元叙事，因为它解释不清谁才是那个万能的神；另一方面，它又必须在某一个神管辖范围内进行有效的元叙事，只有这样才能证明自己是辖区内最有权威的统治者。

可以说概念的绝对是现代主义所有分支普遍存在的致命缺陷。它的病根当然是绝对真理的世界观。因此要想修补这一缺陷，首先就是放弃绝对真理世界观。

虽然世界观话题常常被很多人挂在口边，就连小学生都能随口说出几个主义来，但会认真系统地思考这个问题的人在现实生活中少之又少。这并不表明这些人没有世界观，更不代表他们不受世界观的影响，只是这种影响更加隐性化罢了。另外，在现实世界中，绝对真理是不可能直接伤害到我们的，因为它并不存在。我们说绝对真理世界观是有害的，只是因为这种世界观会使人们将一些不绝对的东西当做绝对，从而对我们的思想认识和行为产生危害。概念的绝对可能是最为普遍的例子。为了尽量减少绝对真理世界观的不良影响，我们推荐一些行之有效的方法，其中针对绝对概念错误的方法我们称之为"拆篱笆"。所谓拆篱笆即去除概念的绝对边界，允许不同的概念在边界处可以相互往来。

还是以物质和精神这两个概念为例，既然概念不是绝对的，就表明物质和精神这两个概念是相互渗透的，即是你中有我，我只要你的关系，而且越是在边界处这种相互渗透的关系就越明显。

在现实生活中，概念无处不在，甚至可以说我们就活在概念之中。对绝大多数老百姓来说，他们更倾向于凭借经验进行判断，因此可以相当程度地过滤掉绝对概念的不良影响，那种认死理、偏执、行为极端的人只是少数。反倒是在研究领域，绝对概念的影响更加明显。各种主义的横行就是典型的例子，包括老百姓行之有效的经验一旦被理论家上升为经验主义也会出现大问题，因为经验这个概念被他们绝对化了。这中间的道理其实很简单，绝对不会主动找上你的，因为绝对是不存在的。凡绝对产生的问题都是由人们妄想的绝对产生的。

当然减少绝对思维最有效的办法是树立不承认绝对真理的世界观，并在其指导下进行研究和思维。但当你自己还不能自觉地用不承认绝对真理的世界观进行系统思维前，一个切实可行的途径就是我们介绍的"拆篱笆"方法。在思考问题，进行研究之前千万不要将自己的理论体系建筑在特定概念的基础之上，不妨先秉持一种开放的态度来思考问题。

在这个问题上作者可以将自己的一点体会介绍给读者。像大多数在文化大革命期间开始接受义务教育的中国人一样，作者可以说是在被反复灌输辩证唯物主义和历史唯物主义的环境下从小学一直念到研究生毕业的。但作者自打接触到唯物和唯心这两个概念起就一直搞不清楚为什么唯物就一定是正确的，而唯心就一定是不正确的，当然也搞不清楚物质和精神的界限在哪里？

上初中的时候，老师告诉我，因为实在是第一性的，意识是第二性的，实在决定意识。

我就反过来问老师，意识不是实在吗，因为它实实在在出现在我的大脑里呀。

老师又说，实在是我们可以直接感受，看得见，摸得着，并且能重复的，意识则不能。

我又会问，意识我也能直接感受，它在我脑中里当然我看不见，但是它也能重复呀。我昨天和前天都梦见，我妈叫我回家吃饭。

每次这种问答进行不了几个回合，老师就会不耐烦了，常常用一些小孩听不懂的话题岔开。记得有一次，老师甚至说，伟大领袖毛主席是这么说的，你还有什么疑问。是呀，周围所有的大人都没有疑问，事情就应当如此。实际上，问题仍存在，只是被压制在心底里，时间长了很多问题渐渐也就忘了。但有一个小时候的问题，作者始终记得：既然物质和精神是可以转化的，那么它们在分界面上又如何实现这种转化呢？因为随着年级一级一级往上升，类似的问题越来越多，如生命是怎么从非生命转化的？好人是如何转变成坏人的？对的是怎么变成错的？等等。

也问过多次，没有老师的回答能让我明白。

在学校不管是小学还是大学，我常常被人认为很怪异，老师和同学都把我归类为好学生，因为相对还比较勤奋、聪明、爱读书，特别是爱思考问题，应该是一个今天所说的"学霸"坯子。但考试的成绩起伏却很大，特别是政治课，稍微复杂一点，只要给我留有自由发挥的空间，多半考砸。

老师很心疼我这样的貌似好学生，每每给我指点：不就是那些基本概念吗，吃透了往上套还会出错？而我也每每地感到自己不理解自己，怎么别人就能够套，而我就是套不好呢？还好不断遭受的挫折并没有把我彻底打垮，自信还在。因为除了有些时候考试成绩不如别人好，但在干其他事情时，只要所下的功夫相当，我并不比成绩比我好的人做得更差。因此我始终不认为自己比别人本质上就笨，也始终没有放弃对思考的坚持。

这中间我还要特别感谢一个人，那就是我父亲。父亲的一句话至今仍是我的座右铭。初中的时候，有一次父亲对我说：学问，学问，首先在于问，只有经过反复去问，去思考，才会真有收获。当你自问自答感到思路通顺的时候，说明你离掌握知识就进一步了。知识不能靠背，要靠理解。此处，我把这句话也送给读者，希望能有所帮助。

按照作者的座右铭，学问达到一定的境界就自然会上升到世界观的高度。因为不到达这个高度，你的思路是不可能顺畅的。在很长一段时间里，作者学问水平显然没有到达世界观的高度，所谓的"界限"问题也一直在困扰我。尽管如此，作者并没放弃存疑，也没有放弃思考。直到2003年SARS危机期间，其他"杂事"都干不了，难得的安静下，作者突然萌发奇想，想借此机会思考一下中国改革开放的出路问题，选择的突破口是在左派和右派之间寻找一条能综合它们各自优点的理论路线。在思考对与错、优与劣之间是否存在绝对的界限？社会问题有没有终解？时，那个小时候的困扰又出现了。思考中作者自己对自己提出了这样一个疑问：当前的情况是，左派和右派都认为掌握了真理，但都不能说服对方，这说明他们都不真正握有真理，因为真理是排除了一切疑问的道理，是可以说服一切人的。这说明他们的理论深层存在问题，而且这些问题是他们都还没有认识到的问题。也只有从这个根子上去思考，才能得出对左派和右派都具有说服力的结果。通过仔细梳理左派和右派的理论体系，发现他们的世界观和方法论本在质上竟然是大同小异的，曙光终于在这时现出了，因为作者终于意识到问题出在世界观和方法论上。解决思路也由此产生，用不承认绝对真理的世界观来试一试，说上去轻松，其实这是翻天覆地的变化，因为世界观的改变意味着你对所有事物认识的改变。虽然工作量变得无比巨大，从社会科学到自然科学，从社会主义到资本主义，从唯心主义到唯物主义，必须有机地一体化地进行解释，但在具体研究中你会发现，一旦世界观改变了，那些原本看似不可跨越的鸿沟都可以顺利跨越了，那些难以解释的问题都可以顺畅地加以解释了，顺风顺水，事半功倍。

世界观转变后的最重要的成果就是新世界观的表述和大系统学的创立。它们的具体内容我们将在本章第四节和本丛书第二卷中详细阐述。

当概念的篱笆拆除后，意味着各个概念之间是可以相互"走动"和"交流"的，甚至"联姻"组成新的"家庭"。如此，生命和非生命是可以相互转化的；唯物主义与唯心主义是可以共同作用的，它们虽然在一定条件下仍保持自己的个性，但同时也具有共性，彼此间不是天然的敌人，而是可以成为协同作战的战友；社会主义与资本主义也并不是非此即彼，势不两立的敌人，而是社会治理过程中不可或缺的基本要素，可以共同服务于同一个社会体系。

作者当初定下的研究目标在转变了世界观后迎刃而解，终于搞明白社会主义与资本主义意识形态斗争的性质。社会主义与资本主义斗争的性质是：在承认绝对真理世界观语境下，所谓社会主义与资本主义的斗争是两种自认为已经实现对真理追求的社会治理理论体系之间的斗争。它们之所以都认为自己是真理，其直接原因就是概念的绝对化。它们从现实世界出发，都观察到某种原因导致了社会治理的不合理现象，其中社会主义看到的是社会资源分配不均产生的阶级矛盾和阶级斗争现象，资本主义看到的是国家权力对个人自由不合理限制导致的效率低下等社会问题。如果世界存在绝对真理，那么对社会问题就自然存在最终的唯一的解决方案。基于上述观察和对世界的基本认知，社会主义和资本主义分别提出了自己的解决思路，而且同时认为自己的思路是唯一正确的思路。

我们不难发现，不管是社会主义还是资本主义，它们的立论基础都是绝对的概念，如平等和自由。它们认为平等或自由是可以完整表达和独立运作的概念，否则在推理过程中就不可避免地会产生悖论。但如我们在前面"不悖而悖"一节中讨论的那样，绝对真理世界观的这种对一致性的追求，其实是海市蜃楼，其结果只是将自身矛盾隐藏在理论体系内，从而导致结果貌似完美，其实存在重大缺陷，并误导他人。另一方面，由于承认绝对真理，一旦它们认为自己是正确的时候，就必然将其他与其不符的理论视为错误，加以排斥和斗争，这也是造成社会主义和资本主义势不两立的根本原因。

其实站在不承认绝对真理世界观立场上看，不管是社会主义还是资本主义都有合理成分，也都有不合理成分，只要我们放弃绝对意识形态，它们完全可以进行融合，共同作用于社会系统的治理过程中。正是基于这样的认识，作者的研究很快产生了大量的创新成果。

作者的经验完全可以被读者借鉴，当你们用不承认绝对真理的新世界观重新审视自己的研究，你们会很快找到新的思路，进行创新研究。

总之，绝对真理寸步难行，不绝对才能够海阔天空。

第二节　改语境

不管你的世界观取向是什么，你都需要用语言来表达事物，与他人相互交流。因此，不同的世界观取向，自然地就会渗透到你的语言表达中。绝大多数人可能并未意识到这种影响的存在，从而自觉不自觉地将自己的世界观取向扩散，传播开来。我们在前一节谈到的概念绝对就是这种影响的传播形式，当然它传播的是承认绝对真理的世界观。下面我们换一个角度来进一步分析不同的世界观对语言表达带来的影响，我们首先来对比一下两种世界观对语言本身认知的不同。

先来分析一下承认绝对真理世界观对语言的认知。其实我们在第一章讨论的唯物主义原子论和唯心主义元数学也是广义的对事物的语言表达。作为对自己绝对真理世界观的表达工具，承认绝对真理者自然认为语言也应当能够做到对事物绝对真实的表达，要实现这个目的就要求语言体系具备确定性、真实性、一致性、完备性，逐渐地有一些语言学家干脆就将语言本身作为追求绝对真理的工具，并由此发展出现代主义的一个分支，所谓的语言哲学。语言哲学的一个典型代表是结构主义。简单地说结构主义是想通过构建一套构字和语法体系，实现语言对事物完整表达的企图，而这种企图显然是与结构主义者的世界观相匹配的。反过来说，凡是基于承认绝对真理世界观构建起来的理论体系都具有鲜明的结构主义特征，如我们前面介绍的柏拉图主义，企图通过定义点、线、面（词汇）和一套公理体系（语法）来完整地表达整个世界，就是非常典型的结构主义。

经过前三章的讨论，此时读者可能会流露出对语言哲学的轻蔑，因为他们会认为就连数学这样貌似"严谨"的语言都做不到的事情，我们日常的语言又如何做得到呢。这里作者要说，可别小看了语言哲学，它的不良影响在日常生活中可能比元数学还要大。

其实，结构主义对语言环境的影响往往不在各种结构体系本身是否"严密"，而在于对隐性的所谓至善的追求。作者这句话是什么意思呢？这还要从直觉主义说起。直觉主义的代表人物是康德，他认为绝对真理先天地存在于我们的意识中，虽然它总是飘忽不定，既不能用绝对理性的方法也不能用绝对经验的方法将其提炼出来，但朦胧中真理在我们的意识中却是一种真实的存在，如欧几里得几何的点、线、面，在我们的意识中不就是真理吗。虽然康德的直觉主义广受批判，但所有这些体制内的批判对直觉主义都不仅不是致命的，反而自身也具有直觉主义色彩。例如有数学家很不屑康德用数学来表达自己的思想，认为这个从没有走出过离家方圆几公里范围的家伙，用数学表达在数学家面前不是班门弄斧吗，并用非欧几何来反驳康德的欧氏几何直觉。但很快人们就发现，非欧几何不也是一种直觉吗，因为非欧几何只不过是将直线变成了曲线，将平面变成了曲面而已，直觉中的真理似乎仍存在于其中。因此这个批判康德的人，立即被戴上了新康德主义的"帽子"。

当我们仔细盘点承认绝对真理世界观体系下的所有主义，不管这些主义之间斗得如何不可开交，但共同的是我们都不难在它们的语言中发现康德所称的直觉的影子。例如，分别代表唯物主义和唯心主义这对死对头的，元物理叙事中的物理点（原子或基本粒子）和元数学叙事中的数学点，不管基本粒子和数学点是否可及，但它们在我们的意识中好像是存在的，否则这个世界就无法用绝对真理来解释。

结构主义不仅与直觉主义密切相关，而且与我们之前讨论过的形式主义形影不离，好似双胞胎，在很多场合你很难分辨。因为所谓的语法你既可以把它看成是结构，也可以把它看成是形式。因此在后面的讨论中，我们对它们干脆不再加以区分，统称为形式主义。对大多数普通老百姓来讲，形式主义的影响更多的是以潜移默化的方式表现出来的，就让我们暂且从形而上走到形而下，举几个大家易懂的、轻松的、鲜活的例子来剖析日常语言中的形式主义影响。

前一段时间，人们为了强调绿色发展，节约粮食，倡导实行"光盘行动"，即在外就餐时将盘中的食物吃完，或打包带走。这项倡议无疑体现了社会的某种进步，在相当程度上是值得肯定的。但就是这样一个看上去很正面的社会倡议，如果极端化也难免走入形式主义。因为很多就餐者明明已经吃饱，但为了光盘而撑下盘中剩余的食物；或者明明知道自己没有条件加工剩下的食物而将没吃完的食物打包带走。显然，此时所谓的光盘已经背离了人们倡导光盘行动的本意。因为撑下剩余的食物等于改变了食物的属性，将有益的东西变成了有害的东西，不仅有害健康，还可能增加医疗费用，造成更大的浪费；另外，明明知道自己不太可能利用剩余的食物，为了光盘而光盘，浪费包装去打包，再连同包装和剩食一起丢掉，盘子是光了，但浪费更大。我们不是反对所有的形式，因为在现实生活中没有形式就没有秩序，可以说形式是必要的。但是任何形式都不能绝对化，一旦绝对化就必然会产生形式主义的副作用，将相对于你的初衷而言的所谓好事变成坏事。

再举一个大点的例子。在中国召开十九大前后，中国的媒体发起了一波发扬正能量的宣传活动。在平静的日常生活中，正能量的提法与正义、正道、正直、正气等提法一样，没有什么不正的地方。但如果这一提法是在强烈的承认绝对真理语境下提出，而且是在社会治理的宏大背景下，为了追求终极目标和维护某种权威而提出，那么就有很大可能产生极大的形式主义社会危害。因为在这种场合下，正能量宣传的发起人会对所谓的正，给出明确的定义：如强调维护领导人的核心地位为正；符合马克思主义理论为正等等。而这些限定实际上就是所谓的语法结构，以此结构为依据进行的推理即为形式。当我们按照这些要求具体宣传时，你会发现大量已经多年不见的，类似文化大革命中常见的形式主义现象重新爆发出来：夸大事实、虚假宣传、凭空想象、两面派作风、违心发言、拍马屁等等。例如在这场宣传运动中有一个主题叫"厉害了我的国"，看上去是一个很正能量的宣传活动。但当上级领导下达了进行"厉害了我的国"的宣传任务后，下级领导会根据"语法"要求对上级领导的报道目的、报道内容、报道程度进行自己的理解，并在这种理解之中夹杂自己私货，比如为了升迁故意夸大，为了获得奖励而在宣传程度上加码甚至造假等等，再往下的工作人员也会如此这般操作。因此落实在最终的节目上，很大的可能是，三分成绩被说成了九分，二分厉害被夸大成了十分，甚至是最先进、最厉害。看到这样的宣传，不明就里的老百姓自然会热血沸腾，群情激昂。于是，顶头领导看了很高兴，新一轮任务下达。下面呢，"形式"逼人，层层加码；群众呢，激动再激动，山呼万岁；结果呢，陷入形式主义怪圈，恶性循环，又一次"大跃进"指日可待。亩产万吨粮，千年第一人，"真理"越来越近，"奇迹"再次被创造。然而不幸的是，就像经济学领域的"老鼠仓"，泡沫总会破灭，大张旗鼓过去后，留在地面的只会是一片狼藉。领导从神坛上跌落，吹鼓手四散而逃，老百姓去冲冷水澡。

对外部世界来说，人们首先要搞清楚的是，你厉害了以后要干什么，对他们是有利还是有害？不幸的是，配合这种宣传的还有另外一个宣传，叫作文化自信、理论自信、制度自信的宣传，而这个宣传的基本指导思想就是马克思主义。换言之，这一宣传就等于昭告全世界，中国厉害了以后是要向全世界推广经过马克思主义改造的"中国的文化"、中国共产党的理论、中国的社会制度。这等于是说，你强大了我就变得弱小了；你要实现两个一百年的目标，我就要被清算了；

你自信了，我就威信扫地了。因此其他国家的政治家自然会毛骨悚然产生危机感，就会变本加厉地要加以反制。可以说这种宣传的结果，更大可能是恶化了中国的外部发展环境，是与发动者的初衷相背的。更有甚者，不着边际的理论自信，还鼓捣什么世界政党大会，真是把中国往死了害，最终也把自己往死了害。表面上这种宣传煽动起了部分民众强烈的民粹主义情绪，然后呢？当所有这些最终都要面对现实时，当虚幻散去后，近乎狂热的民粹主义情绪会反过来报复它的始作俑者。

本来我们花了足足四十年的时间，通过改革开放一点一点地改变着我们的形象，一点一点地融入了国际社会，我们的进步也逐步获得了世界的认可。但不幸的是所有这些成就恐怕会被形式主义的回归所葬送。

读者会问，你是在讨论语言问题呢，还是在讨论政治问题？

答，既是语言问题也是政治问题，归根结底是世界观问题。

是时候了，我们应当沉下心来认真讨论思想理论体系的问题，以去除绝对意识的影响，这中间当然也包括本节讨论的语言环境的问题，为我们的改革开放继续健康前行，也为我们的子孙后代少受绝对意识的涂炭改善思想和语言环境。

当然我们也应当肯定，数千年以来，人类对自己使用的语言认识是不断进步的，其中最新也是最大的进步作者以为是后现代主义的主要推动者之一的雅克·德里达（Jacques Derrida, 1930年7月15日-2004年10月8日）的解构主义。

德里达对结构主义进行了批判。他认为并没有绝对的概念，概念会随使用的人和使用的环境的变化而发生变化，而且这种变化是永无止境的。他将语言的这种变迁称为延异。因为"如果某种东西是所有概念的起源，那么它也是起源概念的起源。因此海德格尔的论证是循环的。这种循环不能消除，除非以作出某种轻率的形而上学断言为代价，所以，德里达提出，应该取消起源概念：'起源「……」从来没有被构造，除了与非起源「也就是延异」相互构造，因此非起源也就成了起源的起源「……」。这就等于说没有绝对的起源。'因此，事物在演化，不知怎的，但不是开始于一个'起点'"[1]。既然概念表现出延异性，那么任何概念永远不可能精确地加以描述，不仅哲学概念如此，甚至一般的概念也不例外[2]。

在世界观上，德里达的思想与佛教因果论的观点很近似。佛教认为世界没有绝对的起始，也没有绝对的终结。说明德里达的世界观已经发生了重大进步，在很大程度上走出了绝对真理观的束缚。另外，德里达的延异说与达尔文进化论很近似，可以说是语言学领域的进化论。

其实，在德里达之前，就已经零零碎碎有些人对绝对概念提出了质疑和批判，如威廉·冯·洪堡（Friedrich Wilhelm Christian Carl Ferdinand von Hunboldt,1767年6月22日-1835年4月8日）认为：没有任何人能够表达和另一个人同样的意思，语言中的最轻微的变化就像水面上的涟漪在颤动[3]。更早我们甚至可以追溯到两千多年前普罗泰戈拉的相对主义。

但所有这些对绝对真理观语言环境的批判有一个共同的不足，就是在解构问题上有所突破，但又都在建构问题上明显幼稚。例如德里达，他虽然表现出来对绝对真理世界观的某种否定态度，但并未能

1.《后现代思想的数学根源》，【加】弗拉第米尔·塔西奇／著，蔡仲、戴建平／译，复旦大学出版社，2005年10月第一版，228页。
2.《尼采的锤子》，【英】尼古拉斯·费恩／著，黄惟郁／译，新华出版社，2010年1月第一版，第181页。
3.同1，第50页。

系统地表达他自己的世界观，甚至在很多地方沿用现代主义的思维方式。这就使得德里达在与现代主义各个学派的斗争中陷入自我矛盾的状态，显得很被动。

在作者看来，要想真正解构现代主义的理论体系，就必须彻底摈弃承认绝对真理世界观，并同时建构不承认绝对真理世界观自己的理论体系。

我们批判形式主义、结构主义，批判的是绝对，包括绝对概念、绝对架构。而不是批判形式和结构本身。任何语言文字都需要一定的组织架构，否则我们就难以进行交流。这种架构我们称为语言的秩序。例如，中国的古诗词虽然带有很重的形式或结构规范，但这种规范在一定程度上也帮助了展现语言之美，比如当我们讲到中文之美，唐诗宋词永远都是精华中的精华。另一方面，不管你承认与否，任何语言的架构都不是，也不可能是绝对的，因为绝对是不可理解，也不可交流的。按照现代主义的理解，语言应该可以在人们之间进行点到点的交流，因为点可以是绝对确定的，就像数学的点一样，因此语言的交流也可以是绝对确定的。但如我们之前的论述，所谓数学点代表的绝对确定是不存在的，那只是一种虚幻，同样语言的交流也不可能是绝对确定的。反过来，我们说语言的交流不是绝对确定的，并不是说语言的交流不具有确定性，否则语言的交流就变得没有任何意义了，我们实际上想说的是语言的交流是确定性与不确定性共存的，确定性的背后有不确定性，不确定性的背后有确定性。语言既不是结构主义者所称的："语言决定思想"、"语言自己在说"、"没有作者"；也不是绝对没有中心的虚无主义。

德里达正是由于没有提出自己的明确世界观，同时建立符合这个世界观的理论体系，才不断地陷入自我挣扎的困境。这种困境首先表现在，他批判绝对，但又未能走出绝对。这个问题没有解决好，德里达就很容易把所谓的解构当作了一种反对绝对的，绝对批判工具。其实，就我们批判过的所有主义而言，我们批判的只是它们的绝对，我们在批判它们各自的绝对的同时也接受，甚至继承它们的有创造性的成果。从语言传递信息功能的角度说，我们与形式主义、结构主义等等批判对象是有共同点的，我们在很大程度上是可以进行交流的，这也是我们世界观自然而然的体现。一旦批判走向了绝对，你一定绝对受到别人来自四面八方的批判。既然你不承认绝对真理，当然也不应当承认绝对的批判。

回到语言环境的话题，当前中国社会形式主义、结构主义重新盛行，红八股文沉渣再起，说明我们社会的语言环境仍然处于绝对真理观的严重污染状态。我们倡导了四十年改革开放，其实思想的开放才是更为重要的。让人难以理解的是，有些人自以为掌握着真理，却恰恰是他们最害怕思想的开放，这不是很荒唐的事情吗？既然你掌握着真理，普及这个真理最好的办法难道不是通过让它直接与其他非真理交锋，用效果来说服民众吗？既然你掌握着真理，你就应当最为自信，相信没有什么其他的妖魔鬼怪可以战胜自己，你难道不应当是最欢迎思想开放，最不畏惧思想开放的吗？但不幸的是，事实正好相反，你最怕思想解放。

作者想借洪堡的一句话结束本节的讨论："理解不是不可分割的点与点之间的接触，而是不同人的思想圈之间的部分重叠。这样才会有人类的思想进步，每个思想的扩展可以进入到另一个人的思想圈内，而同时又不会束缚另一个人的思想。对思想的束缚只会导致反感。这是思想扩展的必须条件。"[4]

4.百度搜索，威廉·冯·洪堡条目。

第三节 添色彩

本节我们再介绍一个改语境行之有效的方法，作者称之为添色彩。

小时候，我们可能都玩过万花筒。一个纸筒内镶三块镜片，中间放几块彩色塑料或硬纸片，一端留有一个小孔，可以观看筒里的情况。每当我们摇一摇纸筒，都会发现筒里的纸片呈现出不同的彩色图案，让我们感到无比的奇妙。实际上，我们可以用万花筒产生的无穷变化来比喻主义的花样翻新。当我们摇一摇，就相当于使事物之间的关系发生了微小的变化，同时也改变了我们观察事物的角度，还是这个东西，内部成分相互关系的微小变化和观察的角度不同，它呈现给我们的状态也相应发生了极其明显的变化。我们甚至可以说，它们完全就是不同的图案。如果，我们将那些彩色纸片看作理论研究中的重要概念，将我们看到的一种彩色图案当作一个主义，你就容易理解主义之间相互纠缠的关系了。一个主义晃一晃，就摇身一变成了另一个新的主义，可见主义来得何其容易。当然，实际的研究情况要远比万花筒复杂得多。

在现实生活中，类似万花筒的例子可以说比比皆是。再举一个当代社会生活中经常用到的例子，即二维码。一个小小的二维码可以产生无穷多的变化，因此可以作为支付领域的识别码。其实，不只是二维码，任何一种东西，只要我们把它放大到足够大，都可以作为识别工具，如指纹、瞳孔、DNA、面貌、耳朵、鼻子、指动脉等等。因为在不承认绝对真理世界观看来，所有事物都没有绝对一样的。

这是因为，任何看似简单、单一的事物背后都隐藏着无穷的变化，五彩斑斓的色彩。而且随着我们把事物放大，再放大后，你会发现变化和色彩也越来越丰富。我们之前看不到这些变化，主要是受到我们感知能力的限制，而不是它们本来不存在。如果有朝一日我们有能力看到事物微背景的情况，我们将看到事物之间实际上都是彼此关联的，而且这种关联性本身也具有无穷的变化和可能性，这些通过我们的能力加强而显现在我们的观察中的种种特征，又会隐失在更下一层的微背景中。

作者在《牛顿的苹果与牛顿的错误》一书中曾讲过自己经历的一个故事。一次作者和朋友去北京的艺术小镇宋庄参观，其间与一位抽象画风的小画家聊天，不知不觉就将话题转到了哲学上。在讨论粒子问题时，小画家的一段话顿时让作者另眼相看，他说：物理学家所称的基本粒子在我看来是很大的，它们大到可以将我们今天所能看到宇宙按比例缩小放进去。他的话虽朴素，但很精彩。在普通大众中，艺术家是抽象思维能力最强的群体，这也是当今很多哲学命题发端于艺术领域的原因。其实，小画家的感悟在不承认绝对真理的语境下应当是一个常识，因为按照第一宇宙定律的表述：世界上所有事物都是确定性与不确定性的共同载体，我们的思想空间是可以无限大，无比丰富的。

由此，读者是不是可以悟到新世界观表述的优越性。

上述讨论，提示我们索性将绝对看成是无限变化的源泉，因为既然你认为存在元叙事，那么就应当承认我们现实世界的万千变化都是由所谓的元产生出来的，这样绝对就变成了最不绝对。这样去思维是不是有利于我们转变自己的世界观呢。或从相反的角度去理解"大爆炸"理论：既然我们今天的宇宙都来源于一个"奇异点"，这就等于是说在奇异点中包含着宇宙间所有的千变万化，亦或说我们的宇宙本源就是谱概念的。

为了进一步帮助读者在自己的思维方式中增加色彩，我们来关注一下现代主义理论体系中一个很有特点的人物笛卡尔（Rene Descartes，1596-1650），把他的观点作为切入点，展开我们下面的讨论。

　　提到笛卡尔，如果你一定要在现代主义思想家中给他选边站队的话，他应当与康德站在一起，属于直觉主义，因为他与康德一样都不承认绝对的理性和绝对的经验，他认为真理存在于理性与经验之间的循环之中，即业界所称的笛卡尔循环；如果你还想将笛卡尔与康德加以区分，我们可以为笛卡尔创造一个主义名称，叫悬疑主义。因为笛卡尔的理论路径很像悬疑小说的办案过程：一起谋杀案，若干个嫌疑人，聪明的办案人员通过实际调查将嫌疑人一一排除掉，剩下的那个就是真正的凶手。笛卡尔认为真理可以用类似的方法找到。

　　像悬疑案的侦办，你要排除嫌疑人就必须找到可信的参照物，以便对嫌疑人加以甄别，一个非常可信的参照就是时间，如果案发时嫌疑人并不在场，就有充分的理由将其排除。笛卡尔认为如果真理存在，你就需要借助于一个确定存在的事物来证实这种存在，于是一个我们所有人都毫不怀疑的存在产生了，那就是我，对任何一个思想者来说，我（他自己）都是存在的，而"我"这个概念的产生是思想的结果，因此就有了笛卡尔的名言："我思故我在"。

　　然而问题来了，我思、你思、他思；人思、猪思、马思；动物思、植物思、石头思，在这里我是不一样的，思也是不一样的，到底哪个我，哪种思才是真正的我和思呢？我们又需要借助新的更为权威的标准来进行甄别。"我思故我在"难道不能换成，我动故我在，我吃故我在，我说故我在这样的表述吗？总之，任何真实存在的背后都有无数与之相关的其他真实存在，它们有关联，但也有差异，相互不能必然地替代。或者说一种真实与其他的真实既有联系，又没有绝对的联系。也就是说笛卡尔循环可以帮助人们找到真实，但无法找到绝对的真实。在一定条件下，办案可以成功，但我们并不能保证所有的案件可以通过有限的手段和信息绝对地侦破。

在我们看来，所有的真实都是由无数其他真实组成的，因此可以说所有的真实都是无数真实相互作用的结果，这种作用导致真实无时无刻在发生变化。反过来说，所有真实既是真实的，也是不真实的，因为上一刻为真，下一刻就失真了。所以真实本身不是绝对的，既包含确定性也包含不确定性。

如果读者不想陷入形而上的抽象思考，可以借用色谱的概念思考问题：任何一种颜色都是无数其他颜色组合的结果。并将这种理解推广于所有其他事物。这种思维方式既符合人们形而下的经验，也近似于我们所说的新世界观。

为了帮助读者熟悉上述思维方式，我们再解析一个现代主义人物，黑格尔（Georg Hegel,1770-1831）和他的方法论——辩证法。黑格尔对中国的读者来说应当很熟悉，因为他的辩证法被马克思拿来，揉入唯物主义中，形成了马克思自己的所谓辩证唯物主义方法论。尽管几乎天天被强迫灌输辩证唯物主义，但我敢说绝大多数中国读者并不真正理解辩证唯物主义，因为即便在所谓的唯物主义阵营内，辩证唯物主义也属于异类，它不过是唯心与唯物的大杂烩而已。辩证法在正统的现代主义分类中是典型的唯心主义分支，直觉主义的子类。作为圈外人，作者认为创立辩证唯物主义的称呼也没什么不可的，因为所谓现代主义的分类本身就是乱七八糟的，多个杂烩也不值得大惊小怪。那些标榜自己是地道的唯物主义者的人，不是也在用元数学这种经典的唯心主义叙事方式吗。

像我们大家都经历过的辩论场景，黑格尔认为：一种信念，体系，或生活方式，都存在着与其冲突的对立面，最后融合了两者最好因素的事物，便会在两者的对抗中出现。不久之后，此一综合体又会遭遇到它的对立面与之抗衡，然后再形成一连串文化对立过程中的另一个里程碑，不断推动人类的历史向前迈进。黑格尔称这种过程为"辩证法"[1]。读到这里，读者会问：难道这有什么不对吗？的确，像其他主义一样，黑格尔的辩证法也具有对事物观察积极的一面，并可以对我们的实际生活产生有益的作用。但遗憾的是，同样像其他主义一样，问题出在辩证法追求的目标上，黑格尔认为辩证法的目的在于达成完美的自由。所谓完美的自由，就是他意识中的绝对真理，黑格尔在其著作《精神现象学》中称之为"绝对精神"。

绝对精神与我们在本书第一章的第一和第二节提到的分割原子的终点，数学定义的点在本质上是同样的东西，即绝对真理。一个本来很有可取之处的方法论，一旦将目标定位在追求绝对真理上，就必然产生极大的破坏作用。实际上我们并不太在意它们目标本身的谬误，因为绝对本身是可望不可求的虚幻，在现实中不可能存在，也不可能追求到，因此我们根本不用担心这种事情会发生。我们在意的是，一旦我们相信这种绝对精神的存在，在实施过程中就会导致偏颇。你为了追求所谓一种颜色的纯正，必然排斥其他颜色的存在，牺牲其他颜色的利益，其结果必然是反过来伤及自身。在极端的状态下，不管是被极端迫害的人还是极端者自己，日子都不好过，大家都是受害者。

习惯了用主义定位现代主义重要人物的读者，可能并不满足用辩证法来定位黑格尔，因为大部分现代主义人物都有属于自己的"商标"，即一顶标有某某主义的帽子。黑格尔多少也算个人物，为什么没有属于他的帽子呢？如此说来，这个要求也不过分。作者以为给黑格尔戴上一顶"辩证直觉主义"的帽子比较贴切。给他戴上这顶帽子，对中国的

1.《尼采的锤子》，【英】尼古拉斯·费恩／著，黄惟郁／译，新华出版社，2010年1月第一版，第119页.

读者可能有另一层意义，那就是可以帮助他们更好地认识马克思主义哲学，减少再被忽悠的可能。马克思定位自己是辩证唯物主义者，在作者看来他非常像辩证直觉主义者，因为他所追求的共产主义信仰，正是所谓绝对精神的体现。

从方法论角度说，辩证法与其他主义采取的方法有共同的特点，即认为事物可以被无止境地提纯，最终达至绝对纯。这个提纯的过程可以视为不断剔除杂质，不断去除杂色的过程。还是那句话，提纯没有问题，问题在提纯的目标。如果目标有问题，提纯也会成为问题。下面我们通过一个在生活中经常发生的提纯现象，来解释这一点。

打扫卫生、洗澡、刷牙这些活动都是比较直观的提纯行为。就说洗澡吧，为了干净、舒适，将附着在我们皮肤上的脏东西洗掉，是我们洗澡的目的。人脏了，洗洗澡无可厚非。但如果一个人脑子坏了，得了极度洁癖症，他想追求绝对干净。那么洗澡这个提纯的行为就会出问题了，而且他的洁癖症越严重，提纯产生的后果就越大。首先，他要定义什么是脏东西：灰尘显然是；细菌、病毒、螨虫、死去的人体细胞等等当然也是；再想想，皮肤分泌物好像也是，但并不都是，一定的油脂对保护皮肤是需要的，因此还要根据自身皮肤情况，确定留下比例合理的油脂；再想，洗涤用品的残留也是不能保留的，另外洗涤用水也要绝对的纯净；再想，洗澡间的环境，空气等也必须绝对纯净；……。别去想了，这肯定是一个无法终止的过程。其次，再说实际操作吧。就算他有足够纯净的水、有一把神奇的放大镜可以识别所有赃物、有一间足够干净的洗澡间、不用吃饭、不用睡觉、还有很长的寿命，他的一生也洗不了一个他所想象的足够干净的澡。别说实际去洗了，光是把所谓干净的绝对定义给出来都是不可能的事情。尽管例子有点夸张，但由这个例子我们看到，干净这个概念不是绝对的，因为它直接牵扯一大堆其他相关的概念；然后这些相关的概念又会牵扯到更多的其他概念。如此牵扯下去，直到它们来到我们所称的微背景，所有的概念都变得模糊不清，最终隐失在微背景之中。换一个角度说，我们可以把与干净概念可能相关的概念视为干净背后的色彩，将洗澡看成对这些色彩进行一定的重新搭配，仅此而已。我们用适度干净的水，适度地使用洗涤剂，适度地去除所谓赃物就可以了。我们追求的不是某种绝对的颜色，而是所有颜色的和谐。如此，洗澡的满足感和舒适感的获得要容易得多，而且不会影响我们对其他事物的追求。

对上面的例子，可能有读者不满意：你故意选择了一个有利于自己观点的例子。黄金的提纯呢，难道不可以无限地纯下去吗？那好就用黄金提纯的例子，我们再把条件放宽一些：假设你有一个可以一个个夹取黄金原子的夹子，并且夹子的物质不会扩散到提纯后的黄金中；再假设提取的环境是完全封闭的，外部的杂质不会飘入；而且提纯后的黄金处在完全真空的保护下，不与任何其他物质接触；更甚至假设你能看清楚，夸克以下的微粒子。这样的条件够宽了吧。好了，作者来问那位不满意的读者，在微粒子条件下，你能指认出那个微粒子是属于黄金的，那个是属于杂质的吗？实际上就像洗澡的例子，我们根本就无法确认：人皮肤分泌的油脂，那些是过多的，那些是不需要的；人体细胞那些是多余的，可以清除，那些是有用的，需要保留。人体和黄金都没有绝对的边界，它们都不是绝对的概念。连黄金的概念都不绝对，又如何谈黄金的绝对提纯呢？当然，如我们在前面提到的，黄金可以在原子水平上逐步提纯，提纯的方法也是有效的，我们也并不排斥。但这种提纯不是绝对的，就像我们在第一章第一节讨论粒子无限可分的话题，且不说在形而下实际操作的可行性，就是在形而上的想象中，绝对纯也是做不到的。

雨后出现的彩虹，让我们知道看似白色的光背后有五颜六色的成分，其实任何事物背后都有它的色彩。如果只是单纯地看待它们，就自然会遗漏很多东西。这就是本节想告诉读者的，用彩色的眼光看世界，这个世界才是鲜活的，也才是科学的。

第四节 不完美而美

前面我们一直在讨论世界观的问题，关于这个问题的所有讨论可以归结为两种不同的答案：其一，承认存在一个所谓的绝对真理，我们的世界万物都直接起源于这个真理，或可以被这个真理完整地加以解释；其二，不承认绝对真理的存在，我们的世界是一个无始无终的世界，世界万物始终都在变化之中，没有绝对的永恒。

我们还发现在讨论这个最顶层的问题时，不管哪一方都不可能必然地说服对方，道理很简单，如果存在能够说服对方的解释，就意味着这个问题已经被彻底解决，而且这个解释本身就是绝对真理。

可以说在人类思想的启蒙之初，人们就一直在不间断地思考这个问题，几千年过去了，两种观点仍然处于谁也说服不了谁的状态。当然这不是说，人类的思想始终在原地踏步，事实上我们已经前进了很多。而且不同观点的双方都为这个进步作出了自己的贡献。

事实上，大致从古希腊思想家苏格拉底、亚里士多德、柏拉图那个时代开始，也就是两千五百多年前，起码在西方的文明体系中承认绝对真理的世界观就一直占据着主流地位。在本书中我们将这一思想体系称为现代主义。

必须指出的是，尽管现代主义已经有两千多年的发展历史，但其实它直到今天，它都未能迈出其期盼的最关键的一步，即找到一个不依赖前提条件就能够表明绝对确实存在的事例，包括概念、实体、理论体系、逻辑关系等等。相反，现代主义在其发展过程中呈现出越来越碎片化的趋势，其具体表现形式就是，各种主义的层出不穷，而且各个主义之间的划分越来越细微，界限越来越模糊。每个主义似乎都经历了同一条路径：辉煌、激动、广泛传播、问题暴露、遭到质疑、沉寂。作为对手，不承认绝对真理一方，对现代主义的困境虽有预判，但并没有资格站在一旁对现代主义所遭受的挫折冷嘲热讽，因为它自己也不成熟，甚至连自己的理论体系都没有，而需要不断地从对方的经验中吸取积极的养分，充实自己。

如果说两种世界观的斗争，在经历了启蒙期、现代主义主导期、后现代主义挑战期或相持期之后，到了今天，在完成了自身的理论储备和系统化的整理后，不承认绝对真理世界观已经做好了全面反攻的准备，双方的较量进入了不承认绝对真理世界观向承认绝对真理世界观发起战略反攻的阶段。这里我们所说的理论储备主要包括：对新世界观的表述，以新系统论为代表的理论体系，以组织定律（将在本丛书第二卷《新系统论》中阐述）为代表的理论工具等等。这标志着新世界观理论体系已经具备对现代主义各个分支展开全面PK的能力。也正是基于有了这样的自信，在此，我们认为有必要对世界观孰是孰非的问题进行一次系统的梳理。请广大读者对这场对决进行裁判。

首先，我们回到世界观讨论的起点，即回答存不存在绝对真理这个问题。考虑到对绝大多数读者来说，直接面对这个问题可能太宽泛和太形而上了，会感到无从着手去思考，不如在第一章第一节讨论的基础上，我们将该问题转换为物质无限可分的图景，即想象将物质从天体领域宇宙、银河系、太阳系、地球不断地分解，再到生活领域，从篮球、乒乓球、钢珠，再进一步到我们肉眼看不到，只能通过仪器观测的粒子领域的分子、原子、质子、电子、中子、夸克，最后进入形而上领域，即夸克以下的更细微领域。这样，我们之前关于绝对真理是否存在的问题，就转换为物质不断分解的终点是什么这个问题。

承认绝对真理的世界观认为，物质无限可分的终点是所谓的绝对真理，其中唯心主义认为这个终点就是数学意义的点，或者是思想中那个绝对的精神，再或者就是上帝；而唯物主义认为这个终点是类似大爆炸理论所假设的那个起点，即所谓的"奇异点"。虽然不管是哪种点，都只是一种形而上的推断，但承认绝对真理的世界观相信，它们都是一种真实的存在，而且是他们理论体系的起点。

相反，不承认绝对真理世界观认为，物质不断可分的端点是所谓的微背景，它是一种极其不确定的状态。这种微背景既是万物的出生地，也是万物的隐失处。

显然，在对上述问题的回答上，两种世界观可以说都是一种形而上的断言，或者说是基于自己世界观的自然选择。尽管这两种选择是针锋相对的，但它们在一个问题上一致的，即它们都承认不存在另一个标准能够对自己的选择进行直接的裁判。也正因为如此，对世界观问题作出的形而上的回答，只能通过我们大家在形而下的实践去感悟它们的优劣。这也是作者请广大读者当裁判的原因所在，面对世界观这个最高大上的问题，其实你们是有裁判权的。

为了方便读者进行裁判，下面我们先对两种世界观进行一个大致的盘点：

承认绝对真理世界观	不承认绝对真理世界观
追求：完美	追求：和谐。而完美＝绝对是不存在的
一致性	包容，或和平共处。事物本来就是确定与不确定同体，或天生的矛盾体，因此不存在绝对的一致
完备	可知，但不可全知。事物永远都可以被解释，同时永远都存在未被解释的东西
所有问题可以彻底求解	相对解，变革是常态。在不设前提的条件下，所有问题都不可能有彻底解或最终解
逻辑关系代表必然性	逻辑关系代表相关性
语言可以精确表达意思	语言只能部分表达意思
概念是绝对的	概念都是相对的
……	……

上面这张表我们还可以例举很多内容，但并没有太大意义，因为万变不离其宗，焦点始终是承不承认绝对这个问题，把这个问题搞清楚了，其他问题也会跟着清楚了。

粗看上述盘点，相信会有不少读者认为，承认绝对真理世界观更漂亮一些。例如完美，承认绝对真理世界观追求事物的完美，这难道不好吗，在现实生活中，又有谁不想追求完美呢？

的确，作者也认为起码从字面上理解，完美要比不完美，看上去更赏心悦目。但当你冷静下来去思考，什么是完美时，你就会发现所谓的完美背后隐藏着无数的矛盾和冲突，真正的完美是不可实现的。就以人类栖息的地球为例，如果允许我们使用完美一词来形容什么事物，很多人会首先想到将它用在这个孕育了无数生命的行星身上。正因为有了它，才会发生有一群人此时此刻聚在一起讨论什么是完美这样的美妙事情。说美，我们的地球有巍峨的高山、奔腾的河流、壮阔的海洋，为无数生命提供了各自所需的理想的栖息之地。但在这美的背后同时也存在雪崩、洪水、地震和海啸，它们毫无怜悯之心地摧毁一切阻挡之物。你可能会叹息，要是没有这些灾难，地球会更好！不幸的是，这些灾难却又是你认为美的东西，你认为应当保留的东西得以产生的源泉之一，两者是不可完全隔断的，甚至是相互伴随而生的。地球为牛羊提供了甜美的绿草，同时也把牛羊作为礼物送给了虎狼；反过来，在虎狼的追逐下，牛羊更加健壮、灵敏和机智。你又说得清，虎狼对牛羊来说是绝对不美的事情吗？事实上，完美别说去追求了，你连给它下一个能让大家满意的定义都是不可能的事情。因为有了丑，才产生了美的概念，没有丑也就没有美，它们谁也离不开谁。没有虎狼，对牛羊来说好像是件完美的事情，但真的一旦没有了任何天敌，牛羊就会慵懒，大量繁殖，使草原负重不堪，最终会使牛羊遭受灭顶之灾，完美就转化为了完丑。

对比之下，不承认绝对真理世界观追求的是和谐，它意识到世界本来就是不完美的，地球的美是一种和谐的美，要让它对人类来说保持美丽，就必须维护其自然生态，任何将人类自己的绝对意识强加给它，过度索取，都会反过来损害它在人类眼里视为的美。至此，读者可以进行裁判，到底是承认绝对真理的完美更美，还是不承认绝对真理的和谐更美呢？

我们再来分析列表的下一项，承认绝对真理世界观追求的是，对事物表达的一致性；而不承认绝对真理世界观并不追求所谓的绝对一致，它追求的是对事物表达的包容性。看上去，前者更加严谨，不容易产生误解，似乎更好。

但如我们在第三章第二节"不悖而悖"中所分析的，所谓的一致性是建立在绝对概念基础之上的，只有当所有的人对同一个概念具有完全相同的认知时，他们对该概念的表达才可能是一致的。但遗憾的是这种绝对是不存在的。就算退一万万步说，概念可以是绝对的，人们的认知是没有差异的，那我们的交流还有什么必要呢？人与人之间之所以需要交换对事物的看法，根本的原因就是不同的人对同一个事物有不同的认知，而且这种不同认知的产生不仅仅是因为认知错误导致的，更主要还因为事物本身就不是绝对确定的，也就是说我们不是不想达成一致，而是我们不可能达成一致。这句话是什么意思呢？下面我们借助盲人摸象的典故来加以说明：该典故大意是说，几个盲人之前不知道大象的样子，有天碰到一头大象，他们分别摸到了大象的腿、尾巴、耳朵和牙，当别人问他们，大象是什么样子时，他们各自根据自己摸到的形状，分别回答是：粗柱子、像鞭子、如蒲扇和类似月牙形硬棒。典故想借此告诉大家观察事物不能以偏概全。但如果我们放宽条件限制，假设这几个人不是盲人，他们能够全面地描述大象吗？当然，他们的回答是会得到改善，并能在一定条件下达成一致。但当我们的问题更加细微时，不同的人的回答就逐渐会产生分歧。问题越细，达成一致的可能性就越低。实际上，一方面人的观察能力总是有其粗糙度的，即便借助现代观察仪器，观察的不确定性也不能完全消除。因此，从观察的角度说，不同的人观察的结果是有差异的，当然他们对事物的理解和表达就不可避免存在差异；另一方面，从被观察的事物角度，它们自身的性质、状态也不是绝对确定的，就算你的观察条件一样，不同的人从不同的角度、不同的时间、甚至同样的角度同样的时间，得到的观察结果也不可能是绝对一致的。如果你迷信自己的观察结果，以为它就是事物的全部，反而会得出错误的结论。

我们再来举一个读者更容易理解的另类盲人摸象的例子，这个例子之前也曾用过，但作者认为有必要换个场合再用一下。大家知道，上个世界冷战时期，世界存在两个意识形态对立的国际阵营，即社会主义阵营和资本主义阵营。这两个阵营在观察社会问题时，各自看到了问题的一个方面：社会主义阵营看到了社会普遍存在的不平等问题，认为是阶级和阶级剥削的存在导致了社会不平等，所以主张通过阶级斗争的方式消灭阶级和阶级剥削，实现社会平等，最终解决社会问题；而资本主义阵营看到了，社会普遍存在的不自由问题，认为是政府权力对自由的限制影响了人们积极地追求各自美好生活，才导致社会发展的落后，因此主张限制政府权力，通过充分的自由来实现社会问题的解决。显然，两个阵营都有观察对的地方，但都犯了以偏概全的错误，遗漏了社会问题这头"大象"的其他部分。造成这两种认识激烈斗争的原因在于观察者的世界观，当他们认为世界应当是一致的时候，就自然会把自己看到的某一个确实存在的问题，当做是唯一重要的问题，认为只要将其解决，所有社会问题才会迎刃而解。

反过来，不承认绝对真理世界观意识到事物不确定性的普遍存在，它不会强求表达的一致性，更能包容不同意见的存在。因此，在现实生活中，后者的行为更平和，更少冲突。拿上例来说，不承认绝对真理观认为，不平等、不自由都是社会的问题，需要同时加以关注和解决，使社会处于一种兼顾平等和自由的和谐状态，这才是社会问题的解决之道。

对比两者，请问读者你更愿意与持哪种世界观的人相处呢？

对于两种世界观对比表中的其他对比项，其实不用作者再一一加以分析，读者完全可以通过本书的阅读自己进行直接的评判，但有一项作者以为需要多说几句，就是两种世界观对逻辑的作用在认识上的不同。因为在这个问题上，很多读者存在很大的误区，常常被貌似严密的逻辑推理所迷惑，相信它们的推理结论是无条件的、必然的结果。

先简要回顾一下，我们之前的讨论：承认绝对真理世界观将逻辑视为探寻事物之间必然联系的推理工具，而不承认绝对真理世界观则将逻辑视为探寻事物之间相关性的推理工具。两者的区别在于，前者认为严密的逻辑是可以，也是应当普遍成立的。所谓严密是指事物的因果关系是必然的，可以完全排除其他的可能性；而后者认为，逻辑推理可以帮助人们发现事物之间的关联性，但这种关联性并不是绝对的，也就是说不能绝对地排除其他的可能性。作者相信，如果不进行深入分析，很多读者会凭直觉认同前者的观点。还是以宇宙大爆炸理论为例，会有读者感到有点烦，认为作者老拿大爆炸理论说事。其实不是作者老生常谈，而是大爆炸理论老挑事儿。过一段时间就公布一下自己的研究成果，从已经成功模拟到从宇宙起源到多少光年后的状态，到已经成功模拟到大爆炸发生后十的负多少次方秒时的宇宙状态，好像他们离绝对真理的距离只差一点点了。这样的所谓科学成果不知忽悠了多少人相信绝对真理的存在。而他们研究的思维方式就是遵循必然逻辑，认为任何一件事情的发生都有其必然原因，因此他们把宇宙的红移现象视为宇宙诞生时产生的爆炸的必然结果。基于这样的思路，他们不断地调整奇异点的模型，反正奇异点的概念里有"奇异"两个字，怎么修改都不奇怪。再通过功能强大的超级计算机进行数学计算，直到满足自己的预期为止。这种反客为主的研究过程，在他们眼里是很符合逻辑的，因为既然宇宙有一个绝对的起点，现在的宇宙又处于一个类似爆炸后的膨胀状态，它们之间就存在一个必然的因果关系，只要能够建立一个模型将两者联系起来，那么这个模型就是真理。

与之不同，不承认绝对真理世界观认为事物之间是通过相关性发生联系的，即它们的联系既有确定性也有不确定性，任何一件事情的发生都存在因果关系，但这种因果关系不是必然的，而是许多因素共同作用的结果。虽然在一定条件下某种因与某种果具有很明显的直接关系，但如果你扩大追究范围，就会发现大量其他因素的介入，不确定的成分就会增加。例如，某种疾病与某种基因看上去有很直接的关系，但当你放大对这种关系的观察，就会发现其他间接影响因素的存在，原先想象的那种直接关联就会被弱化，显示出不确定性的增强。人类的遗传基因演变的路径不是也不可能是遵循必然逻辑，否则人类不可能依据环境的不断变化而进化，基因既有过往经验相对确定的传承，即我们通常所指的双螺旋结构，同时也必须包含面对当前的相对不确定的创新，虽然我们还不了解这种遗传机制是如何运作的，但它一定是存在的，否则就无法合理地解释生命的进化过程。总之，绝对的确定实际上意味着死亡。同样的道理，对宇宙大爆炸理论的研究也适用。从数学工具的角度说，它只是一种语言，它可以将一种极为弱的相关度用等式的形式表达出来，甚至可以将魔鬼与上帝用等号串联起来，但显然这种表达与真理相距甚远。这提醒了我们，如果我们用必然逻辑进行思维，就很有可能得出将魔鬼误当上帝的结果。

通过上述比较分析，想必读者已经得出了自己的判断，是追求完美的承认绝对真理世界观更美，还是认为没有完美的不承认绝对真理世界观更美。

不承认完美，其实包容了更多的美，让美永远都可以去追求、可以创造、可以改进。从而使未来永远都有更美的希望。

附：关于现代主义定义的说明

作者从七年前出版的《社会系统的基本原理》开始，一直使用"现代主义"一词定义西方承认绝对真理的哲学体系。对此本书，同时也是《说东道西——深度解析中西文明之差异》[1]的编辑刘雁女士提出了严重关注。刘雁女士认为，此前在西方文化艺术领域已经存在一个现代主义概念，而且这个概念业已被圈内人普遍接受和使用，如果重新定义现代主义恐怕会引起认识上的混淆。首先应该承认刘雁女士的关注是对读者和作者负责的表现，对此作者向她表示衷心的感谢。其次回答刘雁女士的这个关注也提供了一次向读者展示用不同世界观观察和解释事物的区别的一个特殊机会。

其实早在十年前作者动笔写《社会系统学的基本原理》时就曾纠结于是否用现代主义来概括西方承认绝对真理哲学体系。当时考虑了几种方案，其中一种不会引起麻烦的处理方式是，直白地使用"西方承认绝对真理哲学体系"来表达。但这种方式不能鲜明地体现出这一哲学体系以各种"主义"为主要表现形式的核心特征。另一种方案是用"普遍主义"、"共识主义"来表达，但弊端是其中的核心概念也都早有不同的理解，同样会引起认识上的混乱。更为关键的是，上述两种方案都不能体现出西方承认绝对真理哲学体系的发生、发展和演化的历程，特别是无法与产生于近现代和当代的发端于文化艺术领域的艺术现代主义与后现代主义思潮关联起来。可以说作者宁愿冒着鸠占鹊巢的风险

---

1. 《说东道西—深度解析中西文明之差异》，若缺著，壹嘉出版2019年3月版。

也要重新定义现代主义，主要的着眼点就是为了承接艺术现代主义和后现代思潮中大量人类认知进步的新成果。

当然在重新定义现代主义作者也是有自己理论上的考量的。首先，作者定义的哲学现代主义必须与艺术现代主义不能有明显的冲突，两者不能风马牛不相及。而且，哲学现代主义最好能够包容艺术现代主义。其次，哲学现代主义应当能比艺术现代主义更好地承接后现代思潮的思想成果。这就涉及一个应该如何认识艺术现代主义和后现代思潮的问题。当时作者是这样理解艺术现代主义的，艺术现代主义是在承认绝对真理语境下对古典主义、现实主义等传统表现形式的反叛，是追求艺术真理的新尝试。它在哲学层面上很像康德对理性主义和经验主义的反叛，追求的是一种直觉上的真理，即它在哲学上可以归结为直觉主义。在这点上也有一些西方哲学家认为艺术现代主义中的现代似乎指向的是笛卡尔的哲学思想，即作者在本书中定义的悬疑直觉主义，甚至更远的柏拉图主义。当然在这个问题上稍微谨慎一点的学者都不会明确地说出来，只是做 ·定的联想。站在作者的不承认绝对真理立场上看，西方承认绝对真理哲学体系的所有主义分支的源头都是一种直觉，或者说它们都有直觉主义的特质，只不过艺术现代主义在某些方面表现得更加明显。因此用现代主义来概括整个西方承认绝对真理的哲学体系，从该表达体系的逻辑上是行得通的。

重新定义现代主义后，作者惊奇地发现，后现代思潮也顺理成章地得到了合理解释。我们一方面可以将后现代思潮视为对现代主义的继承，因为后现代思潮对之前的传统进行了更为彻底的批判；另一方面，我们也可以将后现代思潮视为对现代主义的反叛，因为后现代思潮对现代主义的直觉也进行了批判，即对承认绝对真理世界观展开了批判。但不管怎么说，现代主义这个概念之前已经有人占用了，你如果要将其重新定义就应该对之前的艺术现代主义有一个负责任的交代。然而作者在查阅了资料后很快发现所谓的艺术层面的现代主义，即便从承认绝对真理世界观的立场上看也是一个非常模糊的概念，研究者众说纷纭远没有达成共识。因此作者决定暂时放弃这项工作，想等以后时机更为成熟时再进行弥补。

在拖延了十年后的今天，在刘雁女士的多次严重关切下，作者终于再不能偷懒了，同时随着丛书的陆续出版作者自己也感到这个问题确实到了该了结的时候了。

当作者真的坐下来想完成之前遗留的工作时却发现，虽然时间过去了十年，但艺术界对现代主义的解释距离最基本的共识不是更近了，而是更远了。用研究艺术现代主义的权威，文化史学家，《现代主义》一书的作者彼得·盖伊的话说："据我所知，从来没有学者试图将现代主义的所有表现形式详细地罗列出来，使之成为一个独立的历史时期"[2]。彼得·盖伊还借助两位不同领域的名人的两句话来间接表达给现代主义下定义的困难所在：一是美国最高法院法官波特·斯图尔特谈色情文化时讲的话，虽然我无法界定什么是色情文化，但是只要看到，我便能判别出来；二是G.K.切斯特顿评价基督教时讲的话，并非人们在努力界定现代主义之后发现界定之难，而是认识到界定之难后就彻底放弃了。不论我们研究的是什么现代主义文化现象，个别总是会压倒一般（G.K.切斯特顿的这段话从逻辑上理解，原话中的现代主义应当是指基督教，但因作者没有找到他的原话出处，只能尊重彼得·盖伊的引述，作者注）。引用这两句话的目的，彼得·盖伊是想借这两个人之口表达给艺术现代主义下定义的困难所在。

因此，一些艺术史学家专门创造了一个复数名词modernisms来表达现代主义，意思是现代主义在不同的艺术领域有不同的理解，不能

2.《现代主义》【美】彼得·盖伊著，骆守怡、杜冬译，译林出版社，2017年2月第1版，第6页。

用单一的现代主义来概括。例如，当我们讨论夏尔·波德莱尔的《恶之花》时可以用妇女解放或女权主义来概括，但这种概括显然不能用在号称"最后的现代主义建筑大师"贝聿铭的卢浮宫金字塔设计上。或者说如果你用女权主义作为现代主义特征的话，就必然会犯以偏概全的错误。为了解决这个难题，对单数的现代主义进行概括，彼得·盖伊只好采取了一个迂回的办法，即通过寻找复数现代主义共同具有的特征，将它们例举出来作为单数现代主义的间接定义。按照这一思路，彼得·盖伊为艺术现代主义总结了两大特征："第一，在遭遇传统鉴赏品位时促使他们行动的异端的诱惑；第二，对原则性自我审查的使命感"[3]。读者可能感到这句话很晦涩，作者将其诠释一下，所谓第一个特征可以表述为"突破传统的束缚，标新立异"，而第二个特征可以表述为"追求对事物最本源的真实性进行表达"。下面我们通过具体例子来对这两个特征进行解释。

请大家先来读一下被一部分文化史学家奉为现代主义先驱者的法国现代主义诗人夏尔·波德莱尔的诗集《恶之花》中的一首诗《致一位太快活的女郎》中的一段：

> 刺穿你那仁慈的胸房，
> 惩罚你那快活的肌肤，
> 给你惊慌不安的腰部，
> 造成巨大深陷的创伤。
>
> 然后，真是无比的甘美！
> 再通过你那分外清新，
> 分外鲜艳的醇美双唇，
> 向你倾注毒液，我的姐妹！

---

3. 同2，第7页。

这段诗明显突破了当今我们社会中那些受过良好教育，过着安逸平稳生活的，被经济学家称为中产阶级，被政治学家视为社会稳定的中坚力量，有着鲜明的道德观念和社会价值信仰的那群人的道德底线。当然从另一个角度说，这段诗也显然相对于传统道德鉴赏品味来说称得上是标新立异，即符合彼得·盖伊关于现代主义的第一个特征。那么夏尔·波德莱尔为什么要不顾人们，特别是中产阶级公认的道德标准去标新立异呢？他是想通过对性欲毫不遮掩的描述来表达人的最出自本源的真实，他认为这种真实才是最真、最美的东西，才最接近真理。而那些所谓的传统上的政治正确和道德高尚才是猥亵的，扭曲人性的东西。夏尔·波德莱尔的这种追求也正体现出了彼得·盖伊概括的现代主义的第二个特征。

显然，彼得·盖伊的概括向着给单数现代主义下定义前进了一大步。首先，他部分解决了我们前面提到的现代主义诗词与现代主义建筑设计具体个性特征完全不同的难题。也就是说尽管在不同的文化艺术领域现代主义的表现形式会显著不同，但它们都有二个共同点，即反传统的标新立异和追求直觉上的真理。

但作者认为彼得·盖伊还远远没有实现他想实现的目标，给艺术现代主义下一个大家都能接受的定义或代定义。因为被艺术现代主义视为传统的各个主义相对其他主义来说也都是标新立异，也都是反传统的异端。它们也都在尽心尽力地追求比前人更加真实的真、善、美。如果我们把时间标尺往前挪一挪，滑过现代主义这段历史，那么任何一个最后的主义都可以称为相对于之前的主义是现代主义。事实上现代主义自己也被后来的超现实主义视为传统加以反对。例如，法国超现实主义运动的领袖诗人安德烈·布勒东就认为前人当然也包括夏尔·波德莱尔在格律的约束下写诗是一种腐朽的传统。他曾尝试无意识创作，方法是坐在黑屋子里把自己调整到虚无的状态，然后捕捉闪现的瞬间，将它们写下来，并认为这才是真正美的东西。显然在这个例子中，相对于波德莱尔，布勒东更标新立异；而相对于布勒东，波德莱尔更传统。

即便同样站在承认绝对真理世界观的立场上，作者也认为还有比彼得·盖伊更好的概括方式。例如可以借用当今区块链的一个专业术语"去中心化"来概括复数现代主义的特征。在这里去中心化的意思是说，现代主义所反的那些传统都具有一个较为清晰的中心概念，如古典主义中的古典、印象主义中的印象、现实主义中的现实等等，或者用哲学的主义说它们都是围绕物质、精神、理性、经验、形式、结构、平等、自由等等这样的核心概念展开的，形成了唯物主义、唯心主义、理性主义、经验主义、形式主义、结构主义、社会主义、自由主义等。现代主义发现所有这些中心概念都不能完美地表达真理，所以才要反对、批判这些传统。现代主义的做法是去掉所有这些中心概念，摆脱它们的束缚，以实现对真理无拘无束的表达。作者以为"去中心化"比彼得·盖伊"异端的诱惑"更好地概括了现代主义所追求的那种意境。也进一步说明了为什么我们给艺术现代主义下定义这样困难，是因为它追求的就是去中心效果，如果让你轻松地抓住了主要特征，就说明自己在去中心化这件事上做得不够成功。那么这是不是说作者比彼得·盖伊做得更好了呢？并不能这样说，只能说各有千秋。因为我们去中心做得再怎么好也不可能彻底。例如，夏尔·波德莱尔的《恶之花》在反传统上已经做得够好了吧，但他的诗还是无法彻底脱离古典诗词格律的束缚。又例如毕加索的画已经相当反传统了，但人们还是能给他的画风打上立体主义、解剖主义等等标签，总之还是逃脱不了中心概念的约束。

补充一点，对那些强调复数现代主义特征的人来说，他们其实在概括每一个现代主义分支的特征时，也面临与彼得·盖伊同样的困惑。就以夏尔·波德莱尔的《恶之花》为例。有些评论家认为，夏尔·波德莱尔的诗反抗的是施加在女性身上的道德枷锁，具有强调妇女解放的积极意义，因此倡导妇女解放应当是其重要特征。但同时又有另一部分评论家认为，夏尔·波德莱尔的诗以露骨的语言描述女性最私密的部分不仅没有妇女解放的积极意义，而且是对女性的一种歧视，因此反女权主义应当是其重要特征。两种观点截然相反，而且都有其在理的地方。

关于夏尔·波德莱尔的《恶之花》还有一个故事。这部叛道离经的诗集出版后，帝国政府勃然大怒，于1857年将夏尔·波德莱尔告上法庭。虽然在这起案件的审理中，检察官和法官都对文学作品保持了相当宽容的态度，法官更是驳回了亵渎神明罪的指控，但仍认为有六首诗的内容淫秽，对波德莱尔施以300法郎的罚款，并严令将这六首诗歌从以后的版本中删除。从案件审理过程中公众的反应看，尽管大多数体面的法国人都赞同维护传统道德观的必要性，但具体到不同的人，甚至同一人在不同的阶段，对《恶之花》的态度都在动态的摇摆中。我们可以想象，如果今天将类似《恶之花》这样的作品放到我们的法庭进行审判或放到公众舆论中进行讨论的情景，我们能够产生出一个一致的标准可以划分黄色与非黄色作品吗？也就是说美国大法官波特·斯图尔特的那句话只能代表他的个人感觉，并没有普遍的意义。甚至对他个人而言，他也不能必然地区分什么是黄色文学，什么不是。因为，这两者间并不存在绝对的界限。那彼得·盖伊又为什么要引用波特·斯图尔特法官的话为自己助阵呢？合理的解释只能是，他们两个人的世界观都是承认绝对真理的，他们都相信黄色文学与非黄色文学在直觉中是存在一个绝对的界限的。

也有学者采取更为保守的方式来概括艺术现代主义。如威廉·R.埃弗德尔在《现代化的先驱——20世纪思潮里的群英谱》一书中采取的是排除法，即将他认为最不可能是现代主义的东西排除出考虑范围，那么剩下的就是相对更纯的现代主义。相对而言，作者还是认为彼得·盖伊的做法更有效一些，他的工作也比其他人更出色一些。

如果追根溯源的话，我们定义现代主义的困难实际上是承认绝对真理世界观语境造成的。当我们试图用单一颜色，或部分颜色描述某一概念是都会遇到失真的问题。实际上不仅现代主义要面对这样的困难，它之前的传统的主义其实也都面临着同样的困难，只是没有像艺术现代主义那样明显罢了。

还是回到我们所关心的作者重新定义现代主义的话题上。实际上我们更在意的是艺术现代主义在哲学上的主要特征。在这个问题上彼得·盖伊倒是与作者相当的一致。彼得·盖伊认为："现代主义的第二重标准，即对原则性自我审查的使命感，需要不断进行自我的探索，比前面所说的打破权威有着更加深厚的渊源。多少世纪以来，从柏拉图到圣奥古斯丁，从蒙田到莎士比亚，从帕斯卡尔到卢梭，谨于自省的思想家们一直在搜寻着人性的奥秘。纵观他们积极倡导人性自立的著述，启蒙运动成熟阶段的狄德罗和康德堪称第一批现代主义者"[4]。实际上彼得·盖伊的这段话适用于西方整个承认绝对真理的哲学体系，而不是仅仅适用于艺术现代主义。因为随便例举一个配得上某某主义的西方哲学分支，你都能看到它对真理"原则性自我审查的使命感"。既然在这个体系内的所有主义都以追求绝对真理为目标，那么这种"使命感"就必然会贯穿其中，成为它们最为显著的特征。那彼得·盖伊为什么将狄德罗和康德特别例举出来呢？在这个问题上作者的观点与彼得·盖伊有所不同，更愿意将康德视为典型的现代主义大师。因为在作者看来，作为唯物主义者，法国百科全书的主要编纂者狄德罗的自然神思想只不过是留基伯和德谟克利特的原子论的升级版，并无大的

---

4. 同2，第8页。

建树。因此我们就以康德为例，回答前面的问题。

在康德之前，西方哲学界流行着两大主义，一个是理性主义，另一个是经验主义。作者在《说东道西》一书里，曾在"借一只碗讲主义"一节中介绍过理性主义与经验主义的区别，同时也介绍了康德对它们的批判。我们如果将理性主义和经验主义视为桎梏人们思想的旧传统的话，那么康德的批判则可视为对传统的反叛，是一种标新立异，或去中心化。而且康德对绝对理性和绝对经验的批判无疑拓展了人们探求新知识的思路，或用承认绝对真理语境的话说，拓宽了探索绝对真理的想象空间。因此康德被众多哲学家视为重要的思想启蒙者。在回答绝对真理的表现形式时，康德采取的是比狄德罗更为聪明的办法，或更严谨的方案，即真理在我们的直觉中，它还未被发现，我们只是感觉它是存在的。有人说康德狡猾，例如在回答上帝是否存在时，康德的回答是，虽然我们不能证明上帝的存在，但从感觉上认为上帝的存在是必要的。但作者认为这恰恰是康德的"使命感"使然，在回答什么是真理时采取的是一种高度负责的态度。而像狄德罗、马克思这样的唯物主义者的态度则要鲁莽得多，他们总是从相反的方向回答真理问题，即从假设的正确来印证真理的存在。从这点上看，属于唯心主义阵营的康德，显然比属于唯物主义阵营的狄德罗更客观，自我审查的意识更为强烈。如果像狄德罗、马克思那样对问题已经有了明确的先入为主的观点，甚至认为自己的观点就是真理，那么对其他人来说无异于树立了一个更为牢固的"传统"价值观，使他们丧失部分"异端的诱惑"的可能性。虽然就本质而言，狄德罗的自然神思想仍属于直觉，因为所谓的"自然神"其实并不存在，仅仅是狄德罗的想象。但一般地讲，作者更喜欢唯心主义的直觉，而不喜欢唯物主义的直觉，当然这只是作者个人的感觉。因为，唯心主义的直觉留给人们的想象空间更大，桎梏性更弱。作者以为这也是思想性强的人普遍更愿意生活在自由主义的环境下，而不愿意生活在马克思主义的环境下的重要原因。作者真的担心由狄德罗主编的《百科全书》里，会充斥太多的"什么是什么"这样的定义，从而大大贬损其科学性。

谈到直觉主义，相信部分读者在理解上还会存在一定的困难。作者再举一个比较直观的关于毕加索的例子。按照彼得·盖伊的观点，毕加索所有的作品都可以归为艺术现代主义。也就是说，毕加索追求的是能够摆脱一切传统束缚的返璞归真，或者说一种直觉中的真实美。下面一个场景似乎印证了我们上述的判断。作者记得在中国中央电视台的一个节目里曾讲到这样一件事，毕加索很喜欢中国的写意画，认为中国写意要比西方的写实更具有美感，也因为这个原因他与中国画家交往比较多，他甚至还尝试过用毛笔仿齐白石的画。一次他在与一位中国知名画家（好像是张大千，但记得不太清楚，作者注）交流时谈到（以下内容由于记忆原因只是大概意思，作者注），他从学画起，学到三十岁左右在绘画技能上就已经不输顶尖画家了，自那以后他就开始尝试学习像小孩子那样画画，但一直学到90岁还不得要领。毕加索的这段话当然有自谦的成分，但我们也可以从中体会他在绘画领域的追求，即能像小孩子那样天生就没有任何条条框框束缚地去构思。毕加索认为在那种境界中才能发现真正的美，或曰才更接近直觉中的真理。

关于直觉，还有一个人应当提一下，那就是尼采。尼采可以说是艺术现代主义人物谱中哲学色彩最浓的人之一。尼采反传统的立场近乎极端，他在政治上反对几乎任何政府权力，表现为无政府主义；他在宗教观上明确反对上帝或其他任何主宰存在的价值。关于尼采的哲学思想我们将在《佛陀悟我，我悟佛陀》一书中讨论，这里就不再展开了。

对于艺术现代主义中现代的含义在哲学上表现为多样化的直觉主义，似乎多数哲学家有一定的共识，只是谁也不敢用肯定的语气表达出来，因为若要用什么是什么这样的肯定语气来表达，你首先就要给什么是直觉下一个能被普遍接受的定义，而这个定义只会比定义艺术现代主义本身更难，而不是更容易。

由前面的讨论我们是不是可以理解为什么彼得·盖伊将狄德罗、康德视为第一批现代主义者的原因了。我们沿着彼得·盖伊的思路再思考下去，自然会提出这样的疑问，在西方承认绝对真理的哲学体系中，仅仅康德具有这样的特征吗？当然不是，如我们在前面提到的，其实在这个体系内所有的主义就本质而言都具有这样的特征。也就是说它们也都符合现代主义的彼得·盖伊标准。由此，就产生了这样一种状况，如果彼得·盖伊为艺术现代主义概括的两大特征成立的话，那么我们前面的讨论发现，这种特征并不是艺术现代主义独有的特征，它不仅可以用来概括艺术现代主义，而且可以用来概括整个西方承认绝对真理世界观的哲学体系。换句话说我们完全可以将整个西方承认绝对真理哲学体系定义为现代主义，而将艺术现代主义视为这个体系内在文化艺术领域中的一个流派。如果有些读者会因为这个原因产生某种误会，那么他们应该通过阅读本书去化解这种误会，并通过化解误会的过程获得收益。作者认为这才是更为负责的态度。

回顾西方承认绝对真理哲学体系发展的历史，我们发现它大致走过了这样的历程。从苏格拉底、柏拉图、亚里士多德开始，这个体系逐渐成为一门显学，其最早的两大分支分别是以元数学为典型代表的柏拉图主义和以元物理为典型代表的留基伯主义。而柏拉图主义和留基伯主义在相当程度上可以分别视为理性主义和经验主义。如果将对真理的直觉作为研究这一理论体系的主线的话，我们可以称这一时期为直觉主义自信期，即不管是柏拉图还是留基伯都对自己的绝对真理直觉非常自信，认为从这种直觉出发，必可以解释整个世界。经过长达两千多年的发展，随着人类认知水平的提高，西方承认绝对真理的哲学体系在近现代进入了繁荣期，它与西方主要国家的工业化、现代化相互促进，推动了人类知识的大幅进步。在这一时期以康德为代表的一批哲学家对元数学和元物理，或者说对绝对理性和绝对经验的传统理论纷纷展开了批判，促使西方哲学分蘖现象明显增强，派生出大量新的主义。这一时期我们可以称为直觉主义觉悟期。在直觉主义觉悟期人们开始意识到，原本那些自命为绝对真理的主义其实都不是真的绝对真理，都经受不住现实的种种考问，因此纷纷摆脱它们的束缚去探索新的追寻绝对真理的方法和路径，从而导致各种新主义的诞生。相对直觉主义自信期，直觉主义觉悟期的持续时间要短得多，大致也就二、三百年的时间。很快到了艺术现代主义出现的时期，人们又不断地发现在直觉主义觉悟期涌现的那些新的主义也都是真理的扭曲者，这些传统也应当受到批判，艺术相对主义者想发掘更加真实的直觉，一种更加迷幻、更加虚无和难以捕捉的直觉。我们可以将这一时期称为直觉主义迷失期。直觉主义的迷失其实预示了西方承认绝对真理哲学体系——哲学现代主义开始走向衰亡。而其后发生的后现代思潮则预示着一个崭新的时代将要来临了——不承认绝对真理世界观的理论体系逐渐成为人类认知体系的主流。